ㅸ 순경음 비읍 연구

本书获得宝鸡文理学院博士科研启动基金资助
이 책은 보계문리대학교 박사 연구 기금을 받아 출판되었음.

ㅸ 순경음 비읍 연구

장석張碩 / 곽 령郭玲

역락

머리말

　박사 과정을 다니는 동안 'ㅿ(반치음)'을 열정하게 연구하였다. 여러 학술대회에서 'ㅿ'과 관련된 내용을 발표하고 소논문 4편을 등재지에 실었다. 여러 선생님의 조언과 지적을 받고 선후배와도 많이 토론하며 소논문 심사위원님들과 싸우기도 하였다. 박사 학위 논문도 'ㅿ'을 주제로 작성하고 2017년 1월에 무사히 통과되었다.

　학위 수여식이 끝난 후의 2017년 3월의 어느 날에 나도 모르게 아주대학교 중앙도서관에서 'ㅸ(순경음 비읍)'을 보게 되었다. 'ㅿ'을 연구할 때도 'ㅸ'을 잠깐 살펴보았지만 이때쯤 'ㅸ'을 연구대상으로 고찰하기 시작하였다. 'ㅸ'을 연구하는 동시에 구직 활동도 하고 있었는데 제대로 연구하지 못했다.

　2017년 12월에 섬서성(陝西省)에 있는 보계문리대학교(寶鷄文理學院)로부터 나와 아내가 모두 교수로 임용되었다는 소식이 전해졌다. 2018년 2월에 아내의 학위 수여식이 끝난 후에 우리는 한국을 아주 떠났다. 8년의 한국 유학 생활이 이렇게 마침표를 찍었다.

　귀국하자마자 바로 학교에 갔다. 고향에서 멀리 떨어진 곳에서 생활하면 적응도 필요하고 강의 준비도 미리 해야 하기 때문이었다. 어느 날에 한국학중앙연구원에서 해외한국학 프로젝트를 모집하는 정보를 우연히 알게 되었다. 시간이 얼마 남지 않아서 '병'을 주제로 하고 신청서를 급하게 써서 제출하였다. 4월 말에 선정되지 않았다는 통보가 왔다.

20년 동안 학생으로서 학교생활만 해 왔기 때문에 내가 선생이라는 직업에 너무 익숙하지 않았다. 2018년의 봄 학기는 학교생활에 적응하지 못한 채 지냈다. 연구도 할 여유가 없었다.

가을 학기 시작하면서 나는 학교생활에 조금 적응하고 여유도 생겼다. 마침 이때는 한국학중앙연구원에서 2019년도의 해외한국학 프로젝트를 모집하고 있었다. 그래서 예전의 신청서를 다시 수정하여 제출하였는데 운이 좋게 이번에는 선정되었다.

'병'에 대한 본격적인 연구는 2019년의 봄 학기부터였다. 아내에게 부탁해서 '병'의 연구사를 정리해 달라고 하고 나는 '병'의 음가와 음운론 지위에 몰두하였다. 소논문을 4편을 써서 차례로 제44회 한중인문학회 국제학술대회(중국 운남사범대학교 문리학원, 2019.06.28.), 2019년 중국한국(조선)어교육연구학회 국제학술대회(중국 대련민족대학교, 2019.07.12.-15.), 제57회 구결학회 전국학술대회(전남대학교, 2019.08.13.-14.), 제20회 중국한국학국제학술대회(중국 남개대학교, 2019.10.25.-28.)에서 발표하였고 여러 선생님과 토론을 하였다. 그 후에 원고 내용을 수정하여 등재지에 실었고 프로젝트를 마무리하였다.

소논문은 지면 때문에 '병'을 체계적으로 다룰 수 없다는 문제점을 안고 있다. 그래서 아내와 상의해서 같이 이 책을 쓰게 되었다. 기존에 연구한 내용을 장별로 다시 정리하고 연구의 개관, 연구사 정리, '병'의 기원 등의 내용을 추가하였다. 나는 '병'의 음운론 지위,

‘ᄫ’의 음가, ‘ᄫ’의 본질 부분을 작성하였고 아내는 ‘ᄫ’의 연구사, ‘ᄫ’의 기원 부분을 집필하였다. 한국어학계의 여러 선생님의 조언과 지적을 기다리겠습니다.

　책을 내면서 이 자리를 빌려 부모님, 처가 부모님께 감사의 말씀을 드린다. 유학 생활이 끝나지만 먼 곳에서 일하느라 네 분께 자주 효도를 해드릴 수 없어서 죄송하다는 말씀도 같이 드리고자 한다. 그리고 어렸을 때 나를 키워 주시고 지금 하늘나라에 계신 외할머니께도 고맙다는 말씀을 드린다. 외할머니께서 떠나신 지 4년이 되었지만 나는 지금도 외할머니의 은혜를 받고 있다.

　끝으로 보계문리대학교(寶鷄文理學院) 출판 지원해 주셔서 감사의 말씀드린다. 그리고 이 책의 간행을 맡아 주신 역락출판사의 여러 선생님께 감사의 말씀을 드린다.

2021년 4월 1일

渭河를 바라보며

張　碩

차 례

표 목록

제1장

연구 개관 및 연구 자료 개관

제1장 연구 개관 및 연구 자료 개관

1.1. 연구의 목적

'ㅸ(순경음비읍)'은 사라진 글자로 일찍부터 많은 학자들의 관심을 끌어왔다. 'ㅸ'에 대한 초기연구는 'ㅸ'의 음가를 재구하는 데에 있어 공들였고 그 후에 'ㅸ'의 기원, 'ㅸ'의 변화를 비롯한 연구가 활발하게 이루어져 있다. 'ㅸ'은 한국어 음운사 뿐만 아니라 어휘사, 방언사를 비롯한 다양한 분야에서 아주 중요한 존재이다. 따라서 'ㅸ'에 대한 정확한 해설은 꼭 필요하다.

선학들은 오랫동안 'ㅸ'에 대해 연구해 왔지만 현재로서 'ㅸ'과 관련된 논의가 완전히 정리된 것은 아니고 아직까지 서로 대립적인 주장이 존재한다. 'ㅸ'의 기원에 관련하여 'ㅂ'으로부터 변한 것으로 보는 학설과 원래부터 'ㅸ'이 존재하였다는 학설이 대립해 왔다. 아직까지 학계에서는 어느 학설이 더 타당한지에 대해 결론을 내리지 못하고 있는 상황이다.

뿐만 아니라 선행 연구에서는 'ㅸ'에 대해 규명하지 못한 논점도 존재한다. 'ㅸ'의 변화와 관련된 선행 연구를 보면 선학들은 'ㅸ'의 변화 유형에 대해 많이 논의했지만 'ㅸ'의 변화 원인에 대한 언급이 많지 않다. 따라서 'ㅸ'의 변화 원인에 대해서는 보다 더 구체적인 설명을 필요로 한다. 그리고 2.2에서 설명하겠지만 일부 학자들은 'ㅸ'을 변이음으로 해석하였다. 변이음은 인식이 불가한 소리로 간주되고 'ㅸ'을 변이음으로 해석하려면 인식이 불가한 소리가 어떻게 인식되었는지, 이러한 소리가 왜 문자로 표기되었는지를 반드시 밝혀야 한다. 그러나 이와 관련된 선행 연구는 역시 많지 않다. 한편, 'ㅸ'은 짧은 시간에 나타났다가 사라진 것으로 보아 훈민정음의 다른 자모보다 특이하다. 따라서 'ㅸ'의 제자(制字) 원인을 비롯한 'ㅸ'의 본질과 관련된 논의도 필요하다. 그러나 선학들은 이러한 문제에 대한 설명에 인색했다.

선행 연구에서는 'ㅸ'의 기원, 'ㅸ'의 음가를 비롯한 'ㅸ'의 한 부분의 연구가 많지만 종합적 연구가 많지 않다. 'ㅸ'의 한 문제점을 연구해서 얻은 결론은 그 문제점을 합리적으로 설명할 수 있지만 전체적으로 볼 때 오히려 적절하지 않을 수도 있다. 예를 들어 범어 대역 문헌에서 'ㅸ'이 [v]와 대응된 것을 증거로 삼아 'ㅸ'의 음가를 유성 순치 마찰음 [v]로 재구한 연구가 있다. 문헌에서는 순치 마찰음의 존재가 확인되지 않고 현재 한국 각 지역 방언에도 순치 마찰음이 역시 없다. 그리고 중국어에는 순치 마찰음이 있는데 한국어는 이러한 순치음의 수용을 거부해 왔다. 'ㅸ'의 음가를 [v]로 재구한 것은 음가만으로 볼 때는 합리적인 면이 있지만 '녕'을 종합적으로 볼 때 이러한 주장은 오히려 타당하지 않다. 따라서 '녕'을 정확하게 파악하려면 '녕'에 대한 종합적 연구를 꼭 필요로 한다.

'녕'은 선학들에 의해 긴 시간동안 꾸준히 연구되어 왔지만 위에서 언급한 것처럼 현재로서 '녕'과 관련된 문제나 '녕'에 대해 규명하지 못한 논점이 여전히 남아 있다. 이러한 문제와 미해결 요소가 존재하므로 '녕'은 재고(再考)를 요구한다.

이 책에서는 우선 '녕'의 음운론적 성격과 변화를 중심으로 '녕'에 대해 다시 살펴보고자 한다. '녕'과 관련된 변화를 정확히 파악하고 '녕'이 어떤 음운론적 성격을 지니고 있었는지를 명확히 밝히면 '녕'을 이해하는 데 있어서 도움이 된다. 그 다음은 '녕'의 소리 인식과 제자(制字) 원인, '녕'으로 고유어를 표기하는 원인 등을 설명하여 '녕'의 본질을 밝힐 예정이다.

1.2. 연구 대상과 연구 방법

1.2.1. 연구 대상

후기 중세 한국어에서 '녕'을 가진 단어에 대해 다시 검토하도록 하겠다. '녕'은 문법형태소와 어휘형태소에서 모두 나타난다. '녕'을 가진 문법형태소를 나열하면 다음과 같다.

(1)

가. 蚓萼ㅸ字쫑 처섬 펴아 나는 소리 ᄀᆞᄐᆞ니라(『訓民正音』諺解:4ㄱ)

나. 種種ㅇ로 뫼ᅀᆞ바 놀라 ᄒᆞ시고 (『釋譜詳節』3:4ㄴ)

후기 중세 한국어에서 'ㅸ'을 가진 문법형태소는 주로 'ㅸ', '-ᅀᆞᇦ-' 이다. 'ㅸ'으로 표기된 사잇소리는 『훈민정음』 언해본에서만 나타나 고 그 이후의 다른 문헌에서는 'ㅅ'으로 통일되어 나타났다. 선어말 어미 '-ᅀᆞᇦ-'은 앞뒤 음절의 음운환경에 따라 '-ᅀᆞᆸ-', '-ᅀᆞᇦ-', '-ᄌᆞᆸ-', '-ᄌᆞᇦ-', '-ᅀᆞᆸ-', '-ᅀᆞᇦ-'으로 다양하게 나타난다.

'ㅸ'을 가진 단어는 고유어만 확인되고 한자어가 없다.[1] 이 책에서 는 『우리말 큰사전』의 옛말 부분을 조사하여 'ㅸ'을 가진 고유어를 발 췌하였다. 『이조어사전』과 『교학 고어사전』도 참조하였다. 대표적인 예를 나열하면 다음과 같다.

(2)

가. 글ᄫᅡᆯ로 말이ᅀᆞᄫᆫ들 가샴 겨샤매 오늘 다ᄅᆞ리잇가 (『龍飛御天歌』4:24ㄴ)

나. 믈와 블와 지와 가시 남기 누ᄫᅩ리도 잇더니 (『釋譜詳節』3:33ㄴ)

다. 近은 갓가ᄫᆞᆯ씨라 (『釋譜詳節』13:15ㄴ)

라. 눗 고ᄫᅵ 빗여 드라 (『月印千江之曲』上:18ㄱ)

마. 셔ᄫᅳᆯ 긔벼를 알씨 ᄒᆞᄫᆞᅀᅡ 나ᅀᅡ가샤 (『龍飛御天歌』5:31ㄴ)

(2)에서 보는 바와 같이 명사(2가), 동사(2나), 형용사(2다), 부사(2 라) 등 단어에는 'ㅸ'이 확인된다. 그리고 (2가), (2나), (2다), (2라)에

---

[1] 여기의 한자어는 현실 한자음으로 표기된 한자어를 가리킨다. 'ㅸ'은 동국정운식 한자 음의 종성 자리에 나타나지만 동국정운식 한자음은 현실음이 아닌 문제점을 안고 있다.

있는 '병'은 형태소 경계에 있는 예이고 (2마)에 있는 'ㅎ병ᅀᅡ'의 '병'은 형태소 내부에 있는 예가 된다.[2] 그리고 출현 위치 측면을 볼 때 '병'은 어중 초성 자리에만 출현한다. 이는 '병'의 분포가 아주 제한적임을 암시한다. 이들 '병'을 가진 단어를 조사하면서 다음과 같은 주목할 만한 문제를 발견하게 되었다.

첫째, 현대 방언에는 '병'의 'ㅂ 반사형'이 확인된다. 이는 '병'의 기원과 관련되고 3장에서 구체적으로 설명하겠다.

둘째, 'ㅂ : 병'의 최소대립쌍은 한 쌍만 확인된다. '구비[屈] : 구버[炙]'는 그것이다. 이는 '병'의 음운론 지위와 관련되고 4장에서 구체적으로 설명하겠다.

셋째, '병'이 15세기 중후반의 문헌에서 [w]로 변한 형태, 탈락한 형태, 혹은 이 두 형태가 모두 확인되는 경우가 있다. 예를 들어 '글발'은 후대 문헌에서 '글왈' 형태가 확인되고 '갓가비'는 후대 문헌에서 '갓가이' 형태가 확인되며 '구버'는 후대 문헌에서 '구워', '구어' 두 형태가 모두 확인된다. 이러한 문제는 '병'의 음가와 관련되고 5장에서 자세히 논의하겠다.

넷째, '병'이 『용비어천가』, 『석보상절』, 『월인천강지곡』을 비롯한 훈민정음 초기 문헌에 널리 사용되었다가 『능엄경언해』부터 사용이 폐지되었다.[3] '병'이 짧은 시간에 사라진 것은 '병'의 본질과 관련되고 이에 대해 6장에서 자세히 설명하겠다.

---

2) 이동석(2010:244)에서는 'ㅎ병ᅀᅡ' 용언의 활용형일 가능성이 매우 높다고 하였다. 이에 대한 반론은 2.1.1에서 자세히 하겠다.
3) 구체적인 논의는 정우영(2005:298), 이동석(2013:72) 참조

1.2.2. 연구 방법

사라진 글자인 'ㅸ'에 대한 연구는 역사언어학적 측면에서 다루지 않을 수가 없다. 역사언어학적 연구에서는 문헌 자료와 방언 자료가 아주 중요하다. 문헌 자료를 논증의 근거로 제시할 때는 옛 사람의 일언반구까지도 신중히 대할 필요가 있다. 방언 자료로는 'ㅸ'이 어떤 형태로 남아 있는지를 확인할 수 있다. 'ㅸ'의 변화 과정을 설명할 때는 일어나기 힘든 변화로 설명하는 것보다 보편적인 변화로 설명하는 것이 더 바람직하다. 따라서 이 책에서는 어떤 문헌의 기록이 있으면 그것을 단순히 인용하는 데 그치는 것이 아니라 이 기록을 어떻게 합리적으로 설명할 수 있는가에 중점을 두고 연구를 진행할 것이다.

선행 연구에서는 'ㅸ'과 관련된 음변화에 대해 단순히 기록만 하고 이러한 음변화가 왜 일어나는지, 어떻게 일어나는지, 그리고 이것이 어떤 변화 유형에 속하는지에 대해 설명하는 데 인색했다. 그러나 'ㅸ'의 음가를 올바로 추정하기 위해서는 음운 현상에 대한 이해가 선행되어야 할 것이다. 가령 C 환경에서 분절음 A가 'A→B'라는 음운 현상을 갖게 된다면 'A→B/C'로 표기하는 것이 일반적이다. 'A→B'의 변화 원인, 변화 유형, 변화 환경이 파악되면 분절음 A를 통해 분절음 B의 성격을 추정할 수 있다. 물론 이때 분절음 B를 통해 분절음 A의 성격을 역추정할 수도 있다. 이 책에서는 이런 점에 유의하여 'ㅸ'과 관련된 음변화를 고찰하고 이러한 음변화의 원인, 유형, 환경을 정확히 파악함으로써 'ㅸ'의 음가를 재구할 것이다.

연구 방법을 구체적으로 제시하면 다음과 같다.

첫째, 고대 한국어 자료, 전기 중세 한국어 자료를 통해 15세기 이전의 한국어에서 'ㅸ'의 흔적을 찾는다.

둘째, 방언 자료를 통해 'ㅸ'의 방언 반사형을 찾는다.

셋째, 문헌 자료와 방언 자료를 통해 'ㅸ'의 기원을 밝힌다.

넷째, 후기 중세 문헌을 이용하여 'ㅸ'과 관련된 음변화를 파악함으로써 'ㅸ'의 음운론 지위를 고찰한다. 뿐만 아니라 'ㅸ'과 다른 분절음의 최소대립쌍, 분포를 분석하여 'ㅸ'의 음운론 지위를 밝힌다.

다섯째, 언어 보편성, 'ㅸ'과 비슷한 성격을 가진 'ㅿ', 'ㅇ'을 고찰하여 'ㅸ'의 음운론 지위를 검증한다.

여섯째, 'ㅸ'과 관련된 음운 현상을 살펴봄으로써 'ㅸ'의 음가를 재구한다.

일곱째, 'ㅸ'과 관련된 문헌 기록, '유성 마찰음' 계열 등 다른 측면을 통해 'ㅸ'의 재구 음가를 검증한다.

여덟째, 문헌 자료, 방언 자료를 통해 'ㅸ'에 대해 다시 살펴보고 당시 사람들의 표기의식을 파악하고 'ㅸ'의 본질을 밝힌다.

아홉째, 앞의 내용을 다시 정리하고 결론을 내린다.

1.3. 연구 자료 개관

이 책은 문헌 자료와 방언 자료를 통해 'ㅸ'의 기원, 'ㅸ'의 음운 자격, 'ㅸ'의 음가에 대해 고찰하기로 한다. 연구 진행할 때 사용된 문헌

자료와 방언 자료에 대해 설명하도록 하겠다.

1.3.1. 문헌 자료

이 책은 'uniconc'를 검색 프로그램으로 이용하여 문헌 자료를 조사
하였다. 조사된 데이터를 영인본과 대조하여 다시 확인하였다. 각 문
헌의 정보를 나열하면 다음과 같다.

〈표 1〉 문헌 자료 정보

文獻名	刊行時期 (重刊時期)	影印本 情報
甘山寺彌勒 菩薩造像銘	719	한국사 데이터베이스 사이트에서 사진 제공 (http://db.history.go.kr/)
甘山寺彌勒 如來造像銘	720	한국사 데이터베이스 사이트에서 사진 제공 (http://db.history.go.kr/)
鷄林類事	12세기 초(1706)	韓國學硏究院 編, 『原本 訓民正音圖說·訓民正音韻 解·諺文志·雞林類事·朝鮮館譯語·蒙山法語·小樂 府』, 大提閣, 1985f.
三國史記	1145	韓國學硏究院 編, 『原本 三國史記·三國遺事』, 大提閣, 1987.
楞嚴經 (남권희 '가'본)	12세기 말- 13세기 초	韓國精神文化硏究院 編 『口訣資料集一—高麗時代 楞嚴 經-』, 韓國精神文化硏究院, 1995c.
三國遺事	1281(1512)	韓國學硏究院 編, 『原本 三國史記·三國遺事』, 大提閣, 1987.
鄕藥救急方	1236(1417)	金信根 編著, 『韓國韓醫學大系1』, 韓國人文科學院, 1999.
楞嚴經 (일사본)	麗末鮮初	서울대학교 규장각 사이트에서 원본 사진 제공 (http://kyudb.snu.ac.kr/)

楞嚴經 (기림사본)	1401	韓國精神文化研究院 編,『口訣資料集二-朝鮮初期 楞嚴經-』, 韓國精神文化研究院, 1996.
朝鮮館譯語	15세기 초	韓國學研究院 編,『原本 訓民正音圖說·訓民正音韻解·諺文志·雞林類事·朝鮮館譯語·蒙山法語·小樂府』, 大提閣, 1985f.
訓民正音	1446	韓國學研究院 編,『原本 訓民正音·龍飛御天歌·訓蒙字會』, 大提閣, 1985a.
龍飛御天歌	1447	韓國學研究院 編,『原本 訓民正音·龍飛御天歌·訓蒙字會』, 大提閣, 1985a.
釋譜詳節	1447	韓國學研究院 編,『原本 釋譜詳節』, 大提閣, 1985b.
月印千江之曲	1447	韓國學研究院 編,『原本 月印千江之曲·月印釋譜』, 大提閣, 1985c.
洪武正韻譯訓	1455	高麗大學校 出版部,『洪武正韻譯訓』, 高麗大學校 出版部, 1974.
月印釋譜	1459	韓國學研究院 編,『原本 月印千江之曲·月印釋譜』, 大提閣, 1985c.
訓民正音 (諺解本)	1459	韓國學研究院 編,『原本 訓民正音·龍飛御天歌·訓蒙字會』, 大提閣, 1985a.
楞嚴經諺解	1461	韓國學研究院 編,『原本 楞嚴經諺解』, 大提閣, 1985d.
法華經諺解	1463	韓國學研究院 編,『法華經諺解(全)』, 大提閣, 1977.
圓覺經諺解	1465	韓國學研究院 編,『原本 圓覺經諺解』, 大提閣, 1985e.
救急方諺解	1466	韓國學研究院 編,『原本 胎産集要諺解·救急方諺解·臘藥症治方諺解·痘瘡經驗方諺解』, 大提閣,1985j.
蒙山和尙 法語略錄	1467	韓國學研究院 編,『原本 訓民正音圖說·訓民正音韻解·諺文志·雞林類事·朝鮮館譯語·蒙山法語·小樂府』, 大提閣, 1985f.
內訓	1475	韓國學研究院 編,『原本 女範·戒女書·內訓·女四書』, 大提閣, 1985i.
杜詩諺解	1481	杜甫,『分類杜工部詩諺解6-8, 10-11, 14-17, 20-25』, 弘文閣, 1985-1988.

金剛經三家解	1482	한글학회, 『金剛經三家解』, 한글학회, 1994.
救急簡易方	1489	김문웅, 『역주 구급간이방1-7』, 세종대왕기념사업회, 2007-2009.
伊路波	1492	李基文, 「成宗板 伊路波에 대하여」, 『圖書』8, 乙酉文化社, 1965.
六祖法寶壇經諺解	1496	김문웅, 『역주 육조법보단경언해・上中下』, 세종대왕기념사업회, 2006-2007.
法華經諺解 (改刊本)	1500	디지털 한글 박물관 웹 사이트에서 영인본 제공 (http://archives.hangeul.go.kr/)
飜譯老乞大	1515 전후	韓國學研究院 編, 『原本 老乞大・朴通事・小學諺解・四聲通解』, 大提閣, 1985g; 韓國學研究院 編, 『原本 飜譯老乞大(下)・蒙語老乞大(全)』, 大提閣, 1986.
飜譯朴通事	1515 전후	韓國學研究院 編, 『原本 老乞大・朴通事・小學諺解・四聲通解』, 大提閣, 1985g.
四聲通解	1517	韓國學研究院 編, 『原本 老乞大・朴通事・小學諺解・四聲通解』, 大提閣, 1985g.
飜譯小學	1518	정호완, 『역주 번역소학』, 세종대왕기념사업회, 2011.
訓蒙字會	1527	韓國學研究院 編, 『原本 訓民正音・龍飛御天歌・訓蒙字會』, 大提閣, 1985a.
新增類合	1576	檀國大學校 東洋學研究所 編, 『新增類合』, 檀國大學校出版部, 1972.
小學諺解	1586	韓國學研究院 編, 『原本 老乞大・朴通事・小學諺解・四聲通解』, 大提閣, 1985g.
杜詩諺解 (重刊本)	1632	韓國學研究院 編, 『原本 杜詩諺解』, 大提閣, 1985h.
老乞大諺解	1670	亞細亞文化社 編, 『老乞大・朴通事諺解』, 亞細亞文化社, 1973.
朴通事諺解	1677	亞細亞文化社 編, 『老乞大・朴通事諺解』, 亞細亞文化社, 1973.
朝鮮王族實錄	조선시대	한국 고전번역원 사이트에서 원본 사진 제공 (http://www.itkc.or.kr/)

1.3.2. 방언 자료

이 책은 '한민족 언어 정보화'라는 검색 프로그램을 이용하여 방언 형태를 조사하였다. 방언 자료의 출처는 다음과 같이 나열한다.

〈표 2〉 방언 자료 출처

구분	출처
남한 방언	1. 김영태, 『慶尙南道方言硏究』, 進明文化社, 1975. 2. 이기갑 외, 『전남방언사전』, 전라남도, 1997. 3. 이상규, 『경북 방언사전』, 태학사, 2000. 4. 한국정신문화연구원 편, 『한국방언 자료집·충북편』, 韓國精神文化硏究院, 1987a. 5. 한국정신문화연구원 편, 『한국방언 자료집·전북편』, 韓國精神文化硏究院, 1987b. 6. 한국정신문화연구원 편, 『한국방언 자료집·경북편』, 韓國精神文化硏究院, 1989. 7. 한국정신문화연구원 편, 『한국방언 자료집·강원도편』, 韓國精神文化硏究院, 1990a. 8. 한국정신문화연구원 편, 『한국방언 자료집·충남편』, 韓國精神文化硏究院, 1990b. 9. 한국정신문화연구원 편, 『한국방언 자료집·전남편』, 韓國精神文化硏究院, 1991. 10. 한국정신문화연구원 편, 『한국방언 자료집·경남편』, 韓國精神文化硏究院, 1993. 11. 한국정신문화연구원 편, 『한국방언 자료집·경기도편』, 韓國精神文化硏究院, 1995a. 12. 한국정신문화연구원 편, 『한국방언 자료집·제주편』, 韓國精神文化硏究院, 1995b. 13. 한영목, 『충남 방언의 연구와 자료』, 이회문화사, 1999. 14. 현평효 외, 『제주어사전』, 제주도, 1995.
북한 방언	1. 곽충구, 『두만강 유역의 조선어 방언 사전』1-2, 태학사, 2019. 2. 김영배, 『平安方言硏究(資料篇)』, 太學社, 1997. 3. 김영황, 『조선어방언학』, 김일성종합대학출판사, 1982. 4. 김이협, 『平北方言辭典』, 한국정신문화연구원, 1981.

5. 김태균, 『咸北方言辭典』, 경기대출판부, 1986.
6. 정용호, 『함경남도 방언연구』, 교육도서출판사, 1988.
7. 한영순, 『조선어방언학』, 김일성종합대학출판사, 1974.
8. 황대화, 『동해안방언연구-함북, 함남, 강원도의
   일부 방언을 중심으로』, 김일성종합대학출판사, 1986.

제 2 장

연구사 검토

제 2 장   연구사
검토

본장에서는 'ㅸ'의 연구사에 대해 살펴보기로 한다. 물론 선학들은 'ㅸ'의 연구를 할 때마다 'ㅸ'과 관련된 선행 연구를 고찰하지만 'ㅸ'과 관련된 모든 선행 연구를 아울러서 'ㅸ'의 연구사를 다루는 연구가 많지 않다. 현재로서 'ㅸ'의 연구사에 대한 전문 연구는 정우영(2007a)만 들 수 있다. 정우영(2007a)에서는 'ㅸ'의 음운론 지위와 관련된 선행 연구를 분류하여 각 주장의 문제점과 해결해야 할 과제를 언급하였지만 'ㅸ'의 변화, 'ㅸ'의 소멸을 비롯한 다른 문제와 관련된 선행 연구를 철저히 검토하지 않았다. 심지어 'ㅸ'의 음가를 통설에 따라 [β]로 보는 전제 하에 'ㅸ'의 연구사를 정리하였다. 학계에서 'ㅸ'의 음가를 [β]로 해석하는 것이 일반적이지만 'ㅸ'의 음가와 관련된 다른 학설들이 존재하는 상황에 'ㅸ'의 연구사를 연구할 때에 이를 제외하는 것이 바람직하지 않다.

본장에서는 선행 연구의 내용에 따라 선행 연구를 'ㅸ'의 기원, 음운론 지위, 음가, 변화로 나누어 검토하겠다.

2.1. 'ㅸ'의 기원

본절에서는 'ㅸ'의 기원과 관련된 선행 연구를 살펴보겠다. 'ㅸ'의 기원에 대한 주장은 /*p/ 기원설, /*b/ 기원설, /*β/ 기원설, /*ɸ/ 기원설로 나눌 수 있다.

2.1.1. /*p/ 기원설

/*p/ 기원설을 주장하는 대표 학자는 河野六郎(1945), 이숭녕(1954), 박병채(1967), 허웅(1985), 박동규(1985), 류렬(1992), 이동석(2010), 김한별(2012) 등 있다.

/*p/ 기원설은 河野六郎(1945)에서 최초로 언급되었다. 河野六郎(1945: 10)에서는 'ㅸ'을 'ㅂ'이 약화되어 [w]로 거쳐 탈락하는 과정에서 생긴 것으로 해석하였다. 이숭녕(1954: 51-60)은 河野六郎(1945)의 주장을 받아들여 방언자료와 문헌자료를 분석하면서 'ㅸ'은 어중 'ㅂ'이 약화되어 발달된다고 주장하였다. 박동규(1985: 32-33)에서는 이숭녕(1954)의 주장을 언급하면서 『계림유사』, 『조선관역어』, 경상도 방언과 함경도 방언의 'ㅂ 유지형' 어휘를 거론하고 'ㅸ'은 'ㅂ'으로부터 변해왔다는 결론을 내렸다. 그 이외에 류렬(1992: 21-22)은 'ㅸ'이 'ㅂ'의

변종으로서 청있는 입술 터짐소리 [b]에서 번져 나온 소리라고 주장하였다. 또한 박병채(1967: 462-463)는 'ㅂ'의 약화 현상을 반영하는 차원에서 'ㅸ'을 만들었다고 언급하였다. 허웅(1985:465)에서는 'ㅸ'을 어중에 있는 'ㅂ'이 앞뒤의 공깃길이 큰 소리를 닮아서 변한 것으로 해석하였다.

위에서 언급한 선행 연구는 주로 문헌자료와 방언자료를 이용하여 'ㅸ'의 기원을 고찰하였다. 특히 고대 한국어 문헌과 전기 중세한국어 문헌에서 'ㅸ'이 확인되지 못하는 점, 현대 한국 방언에서 'ㅸ'의 반사형인 'ㅂ형태'가 존재하는 점을 강조하여 'ㅂ>ㅸ'의 통시적 변화를 재구하였다. 그러나 선행 연구에서는 'ㅂ>ㅸ'의 변화만 제시하고 이러한 변화에 대해 철저히 설명하지 않았다. 예를 들어 같은 음운환경에 위치한 'ㅂ'이 'ㅂ>ㅸ'의 변화를 겪은 예들이 있고 겪지 않은 예도 존재한 이유가 무엇인지에 대한 언급이 없었다. 이러한 문제는 /*p/ 기원설의 미진한 점이라고 한다.

한편, 이동석(2010)에서는 'ㅸ'을 가진 단어들에 대해 분석하였는데 형태소와 형태소가 결합하는 과정에서 'ㅸ'이 생겼다고 언급하고 'ㅸ'을 'ㅂ'에서 변해온 것으로 해석하였다. 이동석(2010)은 형태음운론 관점에서 'ㅸ'의 기원을 고찰하는 것은 방법론적으로 기존연구와 다르다고 할 수 있다. 『용비어천가』에서는 'ᄒᆞᄫᆞᅀᅡ[獨]'가 확인되는데 'ᄒᆞᄫᆞᅀᅡ'에 있는 'ㅸ'을 형태소와 형태소가 결합하는 과정에서 생긴 것으로 해석하려면 형태소 분석이 필요하다.[4] 경북 방언, 경남 방언

4) 이동석(2010:244)에서는 'ᄒᆞᄫᆞᅀᅡ'의 마지막 음절의 모음이 연결어미 '-아'와 같아서 용언의 활용형일 가능성이 매우 높다고 하였다. 기원적인 어간의 형태와 의미가 불분명하지만 'ᄒᆞᄫᆞᅀᅡ'는 용언의 활용형이 굳어진 형태일 가능성이 높다고 덧붙였다.

에는 각각 '호부차', '호불차'가 있는데 이 단어들은 후기 중세 한국
어의 'ㅎᄫᅀᅡ'와 대응된다. 'ㅎᄫᅀᅡ', '호부차', '호불차'에 대해 형태
소 분석이 불가하므로 'ㅸ'은 반드시 형태소 경계에만 있는 것이 아
니었을 것이다. 한편, 이동석(2010)은 후기 중세 한국어 문헌에서 확
인되는 'ㅸ'을 가진 단어만 연구 대상으로 삼았고 문증되지 못하지
만 재구를 통해 'ㅸ 형태'가 있었다는 단어들을 분석하지 않았다. 예
를 들면 현대 한국어 '술'에 대하여 『계림유사』와 『조선관역어』에서
각각 '酥孛', '數本'으로 기록되어 있는데 이들을 '*수블'로 해석할 수
있다. 후기 중세 한국어 문헌에서는 '수울' 형태가 확인되고 '술'의
통시 변화를 '*수블>*수ᄫᅳᆯ>수울>술'로 보는 것이 일반적이다. 그러
나 '*수블'을 '수+블' 혹은 '숩+을'로 분석할 수 있는지 의심스럽다.
따라서 'ㅂ>(ㅸ)>w' 혹은 'ㅂ>(ㅸ)>∅'의 변화는 꼭 형태소 경계에
서 일어난 것보다 형태소 내부에서도 일어날 수 있는 음변화로 생각
한다.

　김한별(2012: 10-28)에서는 /*b/ 기원설, /*β/ 기원설을 비판하고 방언
자료와 언어 보편적인 음변화 원리를 고려할 때 'ㅸ'의 기원은 /*p/로
보는 것이 타당하다고 주장하였다. 그리고 'ㅂ' 약화 규칙은 개별 단
어에 따라 점진적으로 확산된 것으로 보고 확산 속도는 '단어 출현
빈도' 등의 조건에 따라 차이가 있다고 해석하였다. 이러한 'ㅂ' 약
화 규칙은 중앙어에서 시작하고 다른 방언에 확산되었다. 서울과 멀
리 떨어져 있는 함경도, 경상도는 이러한 규칙을 덜 받았기 때문에
함경방언, 경상방언에서 'ㅸ'과 'ㅂ'의 대응이 쉽게 확인된다. 그러나
한반도와 바다를 사이에 두고 있는 제주도는 함경도나 경상도보다

오히려 'ㅂ' 약화 규칙을 더 받았다. 이것은 어휘 확산의 문제점이라고 하겠다.

2.1.2. /*b/ 기원설

/*b/ 기원설을 주장하는 학자는 小倉進平(1939), 박종희(1982), 배윤덕(1989), 서영석(1989), 박창원(1996) 등 있다.

/*b/ 기원설을 처음 주장하는 학자가 小倉進平(1939)이었다. 小倉進平(1939)에서는 23개의 어중 [b]를 가진 단어들의 방언형을 조사하고 이러한 방언형을 'ᄫ'과 연결시켜 500년 전에 /*b/와 /w/의 대립5)이 존재했다고 보고 이러한 /w/가 이전으로 더 거슬러 올라가면 /*b/에 소급할 수 있다고 언급하였다. 박종희(1982: 96-97)에서는 12세기-13세기에 무성음 /*p/와 유성음 /*b/의 대립이 있었다고 보고 'ᄫ'이 /*b/의 약화된 형태라고 주장하였다. 서영석(1989: 31-34)에서는 15세기 이전에 /*p/와 /*b/의 대립이 있었는데 유성음 사이에 있는 /*b/가 'ᄫ'으로 표기되고 약 15년 정도 쓰이다 없어졌다고 해석하였다. 박창원(1996: 93-95)에서는 'ᄫ'을 음소 /β/로 인정한 전제 하에 'ᄫ'의 기원에 대해 살펴보았다. /*p/와 /*β/가 기원적으로 대립관계를 이루고 있었다는 것은 체계의 보편성에 비추어 볼 때 아주 특이한 것이 되기 때문에 /*β/가 /*b/에서 변화했을 것으로 추정하였다.

'ᄫ'이 /*b/에서 유래하였다고 주장하려면 적어도 15세기 전의 한국

---

5) 小倉進平(1939)에서 'ᄫ'의 음가를 [w]로 재구하였다. 여기의 '/*b/과 /w/'의 대립은 곧 'ㅂ과 ᄫ'의 대립이다.

어에서 음소 /*b/의 존재를 증명해야 한다. 그런데 일반적으로 전기 중세 한국어에서는 유성과 무성의 대립이 없다고 보고 있다. 더군다나 후기 중세 한국어에서의 'ᄫ'을 포함한 단어들의 선대형이 모두 /*b/를 가지고 있었다는 것이 문증되지 않는다. 따라서 /*p/와 /*b/의 대립이 있었다는 전제 자체는 문제가 있고 'ᄫ'이 /*b/에서 변해온 주장도 설득력이 높지 않다.

한편, 비교언어학적 연구도 있다. 배윤덕(1989: 15-26)에서는 한국어의 'ᄫ'과 알타이제어의 중간 자음 [b]의 변화를 비교하고 'ᄫ'과 알타이제어의 중간 자음 [b]가 모두 '*b>β>w'의 변화를 거쳤기 때문에 'ᄫ'이 /*b/로부터 변해왔다고 주장하였다. 그러나 알타이제어의 중간 자음 [b]가 모두 '*b>β>w'의 변화를 거쳤다고 하더라도 한국어의 'ᄫ'은 꼭 '*b>β>w'의 변화를 거쳤다고 보기 어렵다. 같은 어족에 있는 언어들은 공통성이 있지만 차이점도 많기 때문이다. 무엇보다 더 중요한 것은 전기 중세 한국어에 음소 /*b/가 존재했음을 증명하는 데에 있다. 전기 중세 한국어에서 음소 /*b/가 확인되지 않는 상태에서 'ᄫ'이 /*b/로부터 변해왔다고 보기 어렵다.

2.1.3. /*β/ 기원설

이기문(1972), 최명옥(1978), 김무림(2004) 등 학자는 /*β/ 기원설을 주장해 왔다. 구체적인 내용은 다음과 같다.

이기문(1972: 42-44)에서는 'ᄫ'을 형태소 내부의 'ᄫ'과 형태소 경계의 'ᄫ' 두 가지로 나누어 그들의 기원을 고찰하였는데 형태소 내부의 'ㅸ'은 고대 한국어 단계에서부터 존재하던 것으로 해석하였고 형태소 경계의 'ㅸ'의 기원을 'ㅂ>ㅸ' 변화를 겪어 형성된 것으로 해석하였다. 그리고 최명옥(1978)은 동남방언을 조사하였는데 이 방언권에서 같은 단어가 지역이나 환경에 따라 'ㅂ'이 유지되는 예와 탈락되는 예들이 많이 있다는 점을 지적하였다. 이 사실에 근거하여 고대 한국어에도 'ㅸ'이 존재하였지만 나중에 'ㅂ'에 합류되었고, 이후 이들 단어가 'ㅸ>w'의 영향을 받았을 것으로 추정하였다. 김무림 (2004: 65-66)은 『계림유사』의 '酥孛', '雌孛' 등 단어와 15세기의 그들의 후대형인 '수울', '저울'을 나열하면서 '수울', '저울' 등 단어가 체언인 점을 강조하고 'ㅂ'으로부터 직접 약화되었다고 볼 수 없으며 이들이 'ㅸ'을 가진 단어라고 주장하였다. 따라서 15세기 이전에 'ㅸ'이 존재하였고 'ㅸ'의 기원이 $/^*\beta/$이었다고 추정하였다.

그러나 이러한 주장은 'ㅸ'이 음소 $/\beta/$이라는 것을 전제하였다. 2.3.1에서 언급하겠지만 대부분 학자들은 『훈민정음』의 기록을 증거로 삼아 'ㅸ'을 음소 $/\beta/$로 해석하였는데 이러한 해석은 언어학적인 해석이 아니었다. 그리고 $/^*b/$ 기원설과 같이 'ㅸ'의 기원이 $/^*\beta/$이었다고 주장하려면 15세기 전의 한국어에 음소 $/^*\beta/$가 존재했을 증명해야 설득력을 얻을 수 있는데 현재로서 이를 뒷받침하는 자료가 많지 않다. 그리고 '酥孛', '雌孛' 중 '孛'의 초성은 'ㅂ'과 대응하는 것이 명확하기 때문에[6] '孛'을 'ㅸ'을 가진 음절로 해석하기 어렵다.

또한 현대 한국 방언에서는 'ㅸ'의 'ㅂ' 반사형이 많이 확인될 수 있다. $/^*\beta/$ 기원설에 따르면 이러한 'ㅂ'은 'ㅸ>ㅂ'의 변화를 겪은 형

---

6) 구체적인 설명은 3.1.2 참조

태이다. '◌ᄫ'이 유성음 사이에만 나타나고 유성음 사이는 자음의 약화가 쉽게 일어나는 자리다. 그러나 'ㅸ>ㅂ'의 변화는 자음의 강화 현상에 해당되므로 유성음 사이에서 잘 일어나지 않는다. 이것도 /*β/ 기원설의 문제점이다.

2.1.4. /*φ/ 기원설

/*φ/ 기원설을 주장하는 학자는 주로 강길운(1993)과 고동호(1994)이다.

강길운(1993:211)에서는 'ㅸ'이 기원적으로 양순 마찰음 [β, φ]이라고 하고 길약어의 [v, f]에 대응되어 있다고 하며 통일 신라 시대에 'ㅸ'이 존재한 것으로 해석하였다. 앞서 언급했듯이 한국어와 다른 언어의 비교는 어떤 가능성을 제기할 뿐이다. 이러한 가능성을 입증하려면 결정적인 증거를 찾아야 한다. 현존 고대 한국어 자료, 전기 중세 한국어 자료를 통해 음소 /*φ/가 존재하였다고 주장하기 어렵다. /*φ/가 문증되지 않는 상황에서 'ㅸ'이 /*φ/에서 유래했다고 보기는 어렵다.

고동호(1994)에서는 'ㅸ'을 음소 /β/로 보는 전제 하에 'ㅸ'의 기원을 고찰하였다. 'ㅸ'은 소급할 수 있는 음소는 /*p/, /*b/, /*β/ 이외에 /*φ/도 가능하다고 강조하면서 'ㅸ'의 기원을 /*φ/로 해석하였다. 기존연구와 달리 'ㅸ'의 기원에 대한 새로운 가능성을 제시한 것이 좋은 시도이지만 증거도 함께 제시해야 한다. 앞서 언급했듯이 현존 문헌에서는 /*φ/의 흔적이 확인되지 않아 이러한 주장은 설득력이 높지 않다.

2.2. '병'의 음운론 지위

'병'의 음운론 지위와 관련하여 대략 음소설, 비음소설 2가지의 주장이 있다. 본절에서는 2가지 주장을 살펴봄으로써 선학들의 근거와 문제점을 밝히고자 한다.

2.2.1. 음소설

이숭녕(1954), 윤황애(1962), 김석득(1964), 임만영(1968), 이기문(1972), 박종철(1976), 최명옥(1978), 허웅(1985), 장영길(1985), 조세용(1990), 류렬(1992), 박창원(1996), 최호섭(2000), 김무림(2004), 장운혜(2008), 김한별(2012) 등 많은 학자들은 '병'을 음소로 해석하였다.

이숭녕(1954: 60-63)에서는 초성, 중성, 종성이 음절의 구성요소이고 일종의 음운이라고 보고 '병'을 음소로 인정하였다. 임만영(1968: 92-95)에서는 '훈민정음'의 뜻을 '백성을 가르치는 바른 소리'가 아니라 '백성에게 한자음의 바른 소리를 가르치는 소리'로 해석하면서 '병'이 17자에 없는 것에 대해 사대주의에 억눌린 당시의 학자들이 한자음 표기를 위해 제자에서 '병'자가 희생된 것으로 보았다. 『훈민정음』에서는 '병'에 대해 설명을 하고 음가도 부여하며 15세기 중엽 문헌에서도 '병'이 활발하게 쓰이기 때문에 '병'을 음소로 해석해야 한다. 이러한 논리는 학계에서도 받아들이고 있다.

그러나 '병'은 훈민정음 초기 문헌에서 활발하게 쓰였지만 1460년대의 문헌에서 그의 자취가 감추어졌다. 따라서 '병'의 성격은 아주 불안정했을 것이다. 음소는 한 음운체계에서 상대적으로 안정한 존재이고 'ㅸ'을 음소로 해석하려면 그의 불안정한 성격에 대해 반드시 설명해야 한다. 2.4에서 설명하겠지만 많은 선행 연구는 'ㅸ'의 변화를 비음소화로 설명하지만 이러한 비음소화가 일어나는 원인을 비롯한 구체적인 논의가 많지 않다. 이것은 선행 연구의 미진한 부분이라고 하겠다.

분포의 개념을 이용하여 'ㅸ'의 음운론 지위를 고찰하는 학자가 있다. 윤황애(1962:197)에서는 형태소 내부에 있는 'ㅸ'과 형태소 경계에 있는 'ㅸ'에 대해 고찰하였는데 문법 환경이나 음성 환경을 볼 때 'ㅸ'과 'ㅂ'의 사용 범위가 다르고 음가도 다르기 때문에 'ㅸ'이 독립성을 가지고 있었다고 주장하였다. 김석득(1964: 5-10)에서는 'ㅸ'과 'ㅂ'가 상보적 분포를 이루지 못하기 때문에 'ㅸ'을 음소의 기능을 하였다고 주장하였다. 박종철(1976: 224-226), 허웅(1985:456), 박창원(1996: 90-93), 최호섭(2000: 32-33), 장운혜(2008: 12-17)의 논리도 이와 비슷하다.

두 음성의 가능한 분포는 주로 네 가지 유형으로 요약된다. 즉 동시적 분포, 포괄적 분포, 중복적 분포, 상보적 분포이다. 특히 두 음성이 포괄적 분포를 이루고 있다면 이들을 모두 음소로 해석하기 어렵다. 따라서 'ㅂ'과 'ㅸ'이 상보적 분포를 이루지 못한 것은 'ㅂ'과 'ㅸ'이 모두 음소이었다는 증거가 될 수 없다.[7]

최소대립쌍을 이용하여 'ㅸ'에 대해 고찰하는 연구도 있다. 조세용(1990:10), 김한별(2012: 96-98)에서는 '고볼[麗] : 고불씨라[曲]', '구버[屈] : 구버[炙]'와 같이 'ㅂ'과 'ㅸ'이 동일한 음성적 환경에서 의미 분화를

---

7) 분포를 이용하여 'ㅸ'의 음운론 지위에 대한 고찰은 4.1.3에서 자세히 하겠다.

보이고 있기 때문에 최소대립쌍이 성립하는 것으로 보았다. 그런데 단어들의 기저형을 통해 최소대립쌍을 고찰하는 것이 일반적이다. '구버[㠯] : 구버[㡳]'는 용언의 활용형이고 형태소가 결합하는 환경에서는 음변화가 일어날 수도 있다. 따라서 이러한 환경에서만 의미가 변별된다면 진정한 최소대립쌍을 이룬다고 보기 어렵다.

'ㅸ'과 'ㅿ'의 비교를 통해 'ㅸ'의 음운론 지위를 고찰하는 학자도 있다. 장영길(1985: 32-34), 류렬(1992:20)에서는 'ㅸ'과 'ㅿ'의 성격이 비슷하다고 언급하고 'ㅿ'과 'ㅅ'은 상보적 분포에 있기 때문에 동일음운에 해당된다고 하면서 'ㅸ'도 'ㅿ'과 동일하게 해석된다고 주장하였다. 'ㅸ'은 'ㅿ', 'ㅇ'의 성격과 비슷하므로 많은 학자들은 이들을 묶어 '유성 마찰음' 계열이라고 부르기도 한다. 4.2에서는 구체적으로 설명하겠지만 후기 중세 한국어에서의 'ㅿ', 'ㅇ'은 음소의 기능을 수행하지 못했다. 따라서 위와 같은 주장은 재고할 수밖에 없다.

한편, /*β/ 기원설을 주장하는 이기문(1972), 최명옥(1978), 김무림(2004)은 고대 한국어에서 'ㅂ'과 'ㅸ'의 대립이 있었다고 보고 후기 중세 한국어에서도 'ㅸ'이 음소의 기능을 하고 있었다고 주장하였다. 그러나 앞서 언급했듯이 고대 한국어에서는 'ㅸ'의 흔적이 확인되지 않았다. 이러한 상황에서는 'ㅂ'과 'ㅸ'의 대립이 있었다고 보기 어렵고 /*β/ 기원설의 설득력이 높지 않다.

2.2.2. 비음소설

박병채(1971), 오종갑(1981), 김두영(1984), 조규태(1998), 정우영(1999),

김동소(2002), 신승용(2003), 이동석(2004), 박선우(2018) 등 학자들은 'ㅸ'을 음소로 해석하지 않았다.

　'ㅸ'을 상징표기로 해석하는 학자들은 'ㅸ'을 음소로 해석하지 않는 경향이 강하다.[8] 정우영(1999:70)에서는 1450년대에 간행된 활자본 문헌을 비교하면서 활발하게 쓰이던 음소가 겨우 1-2년 사이에 완전히 소멸된다는 것이 세계 언어의 역사에 유례가 없다고 주장하며 'ㅸ'을 음소가 아닌 것으로 해석하였다. 김동소(2002: 74-78)에서는 'ㅸ'을 비현실적 자음 표기 문자로 해석하였다. 그리고 'ㅸ'이 절충적인 표기로 잠깐 사용되었을 뿐 음소의 기능을 하지 못했다고 덧붙였다. 이동석(2004)에서는 'ㅸ'이 특정 자음의 음가를 반영하기 위해 고안된 문자가 아니라 /p/의 음운 변화에 의해 만들어진 [w]를 표기하기 위한 문자로 사용되었다고 해석하고 'ㅸ'이 음소가 아니라고 주장하였다.

　'ㅂ'과 'ㅸ'의 대립과 분포를 통해 'ㅸ'의 음운론적 지위를 고찰하는 연구도 있다. 오종갑(1981: 19-20)에서는 'ㅸ'의 음가를 [β]로 설정하고 'ㅸ'의 음운론 지위에 대해 고찰하였다. '사비'와 '나비' 등 예를 제시하면서 유성음 사이에서 /p/가 [b]로 실현되고 [b]가 다시 약화하면 'ㅸ'이 된다고 주장하여 'ㅸ'을 /p/의 한 변이음으로 해석하였다. 김두영(1984: 23-25)에서는 명사 안에서, 명사와 명사, 용언과 어미, 어간과 전성어미의 4가지 환경에서 'ㅂ'과 'ㅸ'에 대해 고찰하는데 'ㅂ'과 'ㅸ'은 서로 대립을 이루지 못하기 때문에 'ㅸ'을 음소로 해석하기 어렵다고 주장하였다. 조규태(1998: 100-108)는 'ㅸ'이 변별적 기

---

8) 상징표기설에 대한 정리는 2.3.6 참조

능을 가지고 있지 않고 'ㅂ'과 음운론적인 대립을 이루지 못하므로 'ㅸ'을 음소로 해석할 수 없다고 설명하였다.

그리고 'ㅸ'과 'ㅿ'을 비교하면서 'ㅸ'의 음운론 지위를 고찰하는 연구도 있다. 박병채(1971:306)에서는 'ㅿ'과 'ㅸ'이 15세기 서사언어(書寫言語)에서 사용되지만 독립 음운이 아니었다고 주장하였다. 'ㅿ'은 'ㅅ'이 유성음화한 것에 해당되고 'ㅸ'도 이렇게 해석된다고 덧붙였다.

한편, 박선우(2018)에서는 '확률적 음운대립 모델(Probabilistic Phonological Relationship Model)'을 이용하여 'ㅸ'과 다른 음소의 대립을 분석하였는데 'ㅸ-ㅂ', 'ㅸ-w', 'ㅸ-ㅁ'의 엔트로피(entropy) 값이 높지 않기 때문에 'ㅸ'이 음소의 기능을 하지 못했다고 주장하였다.9)

'ㅸ'은 음소가 아니었다면 'ㅂ'의 변이음일 가능성 크다. 그런데 일반적으로 변이음은 인식이 불가한 소리로 간주된다. 세종은 이러한 음성을 어떻게 인식하고 문자까지 만들었는지 설명할 필요가 있다. 이것은 바로 비음소설의 제일 큰 문제다.

이 문제를 해설하기 위해 신승용(2003)은 변이음소의 개념을 만들었다. 신승용(2003: 204)에서는 15세기의 'ㅸ'이 비음운화의 변화 과정 속에서 부분적으로 대립을 유지하는 음소적 특성이 남아 있긴 하지만, 이미 비음운화라는 변화의 과정 속에서 상당 부분 대립을 상실하

---

9) 확률적 음운대립 모델에 의하면 어떠한 환경에 출현할 것인지 예측하기 어려운 분절음들은 엔트로피가 높고, 예측이 쉬운 분절음들은 엔트로피가 낮다. 음운론적으로 대립되는 두 음소는 동일한 음운론적 환경에 대체로 균등한 확률로 분포하므로 엔트로피가 높다. 반면 상보적으로 분포할 경우에는 엔트로피가 낮다. 다시 말하자면 엔트로피 값이 0에 가까우면 두 분절음은 변이음의 관계이고, 이와 반대로 엔트로피 값은 1에 가까우면 두 분절음은 음소의 관계이다.
'ㅸ-ㅂ'의 엔트로피 값은 0.4597이고 'ㅸ-w'의 엔트로피 값은 0.3239이며 'ㅸ-ㅁ'의 엔트로피 값은 0.2935이다.

여 변이음의 특성을 함께 나타내는 소리라고 언급하고 이러한 소리
는 변이음소로 주장하였다. 'ㅸ'이 변이음소라면 이론적으로 위의 문
제를 해석할 수 있지만 비음운화가 일어나는 원인, 과정 등 세부 사항
에 대해 철저한 논의가 필요하다.

2.3. 'ㅸ'의 음가

'ㅸ'의 음가와 관련하여 [β]음설, [w]음설, [ɸ]음설, [v]음설, [bʷ]음설
등 있다. 본장에서는 'ㅸ'의 음가와 관련된 선행 연구를 다시 정리하
고자 한다.

2.3.1. [β]음설

河野六郎(1945), 이숭녕(1954), 김형규(1955), 윤황애(1962), 김석득(1964),
이기문(1972), 황희영(1979), 김두영(1984), 류렬(1992), 박창원(1996), 장운
혜(2008)를 비롯한 대부분 학자들은 'ㅸ'의 음가를 유성 양순 마찰음
[β]로 재구하였다. 이러한 주장이 현재 학계에서 정설처럼 받아들이
고 있다. [β]음설의 증거는 주로 2가지가 있다. 하나는 'ㅸ'이 유성음
사이에만 출현하므로 'ㅸ'을 유성음으로 재구하는 것이고, 또 하나는
'脣乍合而喉聲多(순경음은 가벼운 소리로서 입술을 잠깐 합하였다가 바로 열어서
목구멍소리가 많게 조음한다.)'라는 『훈민정음』의 설명, 『번역노걸대』와 『번
역박통사』의 범례10) 등을 통해 'ㅸ'을 양순 마찰음으로 재구하는 것

이다.

그러나 『훈민정음』에는 무성 양순 마찰음을 표기하는 글자가 없는데 유성 양순 마찰음인 [β]를 표기하는 글자를 만든 원인에 대해 합리적으로 설명하기 어렵다. 그리고 『번역노걸대』, 『번역박통사』가 중국어 교과서로서 범례의 내용도 중국어의 음을 설명하였기 때문에 중국어를 표기할 때 쓰이는 '병'과 한국어를 표기할 때 쓰이는 '병'이 서로 같다고 보기 어렵다. 따라서 이를 통해 '병'의 음가를 재구하는 것이 적절하지 않다. 한편, 『훈민정음』은 순경음 계열을 묶어 '병', '퐁', '뼁', '몽'의 음가를 통틀어 설명하였다. 이는 다른 자모와의 차이라고 할 수 있다. 이러한 차이가 나타나는 원인도 함께 다룰 필요가 있다.

2.3.2. [w]음설

'병'의 음가를 접근음 [w]로 재구하는 학자는 小倉進平(1923), 유응호(1946), 김형규(1955), 장향실(2003), 이동석(2013) 등 있다.

小倉進平(1923)은 '병'이 한국 고유어에서 [w]로 발음되는 '우'에 사용되었다고 주장하고 유응호(1946)는 '병'이 [w]와 유사한 음가를 가

---

10) 『번역노걸대』와 『번역박통사』의 범례에서 다음과 같은 기록을 확인할 수 있다.
   合脣作聲爲ㅂ, 而曰重脣音. 爲ㅂ之時, 將合勿合, 吹起出聲爲ㅸ, 而曰脣輕音. 制字加空圈於下者, 卽虛脣出聲之義也. 뼁 몽二母亦同.(입술을 합하여 소리를 내면 'ㅂ'이 되는데 이를 순중음이라고 한다. 'ㅂ'을 발음할 때 입술을 합하려다가 합하지 않고 공기를 불어서 소리를 내면 'ㅸ'이 되는데 이를 순경음이라고 한다. 글자를 제정할 때 동그라미를 'ㅂ' 아래 더한 것은 곧 입술을 비워서 소리를 낸다는 뜻이다. '뼁', '몽' 두 자모도 역시 이와 같다.)

졌던 것으로 해석하였다. 그리고 김형규(1955:100)에서는 '봉'을 두 입술을 내밀고 둥글게 하여 만든 좁은 구멍을 마찰시켜서 내는 소리로 보고 영어의 'What, Water'와 같은 말의 발음이라 하였다. 이동석(2013: 97-102)에서는 '쉬비'와 '수비', '사비'와 '새요' 등 단어를 분석하면서 이러한 단어들은 'CVjp + i' 환경에서 /j/가 탈락하는 공통점이 있다고 지적하였다. 그리고 만약 '봉'의 음가가 [β], [b]이었다면 /j/ 탈락 현상은 합리적으로 설명할 수 없고 '봉'의 음가가 [w]일 때만 /j/ 탈락 현상을 쉽게 설명할 수 있으므로 '봉'의 음가를 [w]로 재구하였다.

그러나 '봉'의 음가가 접근음 [w]라면 당시 활음 [w]로 시작하는 이중모음과 서로 혼동했을 가능성이 높다.[11] 즉 '바'와 '와'의 음가는 모두 [wa]이고 문헌에서 '바'와 '와'는 서로 바꿔 쓰는 가능성이 높다. 그런데 이러한 혼기가 15세기 문헌에서 확인되지 않기 때문에 '봉'의 음가를 [w]로 해석해도 되는지 의심스럽다. 또한, [w]는 양순-연구개 접근음이고 강한 원순성을 가지고 있다. 『훈민정음』에서는 '구장

---

11) 접근음(approximant)은 능동부(active articulator)와 수동부(passive articulator)가 아주 가까워서 난기류(turbulence airflow)가 생성되지 않고 마찰 소음도 동반되지 않는 소리이고(朱曉農 2010: 149) [j], [w]는 대표적인 접근음이다. 접근음은 아주 강한 공명도를 가진 약한 자음으로 모음의 성격도 지니고 있다. [j], [w]는 활음(glide)으로 다른 모음과 결합하여 이중모음을 이루는 경우가 많다. 활음은 고모음에서 중모음이나 저모음으로 빨리 움직이는 과정을 기술하기 위해 투입한 개념(P.Ladefoged and I.Maddieson 1996: 322)이기 때문에 모음에 속한다. 따라서 [j], [w]를 비롯한 음성은 자음으로도 쓰일 수 있고 모음으로도 쓰일 수 있다.
한편 [j], [w]도 반모음(semi-vowel)에 속한다. 반모음은 모음의 음성 특성을 가지고 있지만 음운론적으로 자음의 기능을 수행하는 분절음이고 음운론적인 개념이다.(R.L. Trask, 編輯組 譯 2000: 237) 대표적인 예는 현대 영어의 [j], [w]로 들 수 있다.
한국어의 음절을 초성, 중성, 종성으로 나눌 수 있다. 중성에는 모음만 나타나고 초성, 종성에는 자음만 나타난다. 따라서 자음으로 쓰인 [j], [w]를 접근음으로 부르고 모음으로 쓰인 [j], [w]를 활음으로 부른다.

(口張)'과 '구축(口蹙)'을 통해 원순성을 설명하였는데 만약 'ᄫ'의 음가 가 [w]이었다면 『훈민정음』이 '구축'으로 'ᄫ'의 음가를 설명했을 가 능성이 매우 높다.12) 『훈민정음』에 'ᄫ'의 원순성에 대해 아무 언급 이 없는 것으로 보아 'ᄫ'을 [w]로 해석하기 어렵다.

동국정운식 한자음을 통해 'ᄫ'의 음가를 재구하는 연구도 있다. 장향실(2003: 81~86)에서는 동국정운식 한자음의 종성에서 'ᄫ'과 'ᄝ' 이 [w]나 [ɯ]의 음가를 나타냈으므로 고유어 표기의 'ᄫ' 역시 'ㅂ'이 일부 환경에서 [w]로 교체되는 현상을 반영한 것이라고 해석하여 고 유어 'ᄫ'의 음가를 [w]로 재구하였다. 그러나 동국정운식 한자음은 현실음이 아니고 현실 한자음의 표기 체계와도 차이가 있다. 따라서 동국정운식 한자음에서의 'ᄫ'을 증거로 삼아 고유어에서의 'ᄫ'의 음가를 재구하기 어렵다.

2.3.3. [ɸ]음설

'ᄫ'의 음가를 무성 양순 마찰음 [ɸ]로 재구하는 학자는 김윤경 (1964), 박동규(1985), 권재선(1992), 김종훈(1998), 김무림(1999) 등이 있다.

김윤경(1964)은 'ᄫ'이 한문의 소리를 적기 위한 것이라고 보고 'ᄫ' 이 사잇소리로 쓰이고 전청 계열에 해당되므로 무성음으로 봐야 한 다고 언급하였다. 박동규(1985)는 훈민정음 초성의 전청자가 모두 무

---

12) '구장'과 '구축'은 중성의 [원순성]을 설명하기 위해 쓰인 개념이다. 그러나 이러한 개 념은 꼭 중성을 설명할 때만 쓰일 수 있는지 의심한다. '심(深)'과 '천(淺)'의 개념이 있는데 초성자나 중성자에는 모두 쓰일 수 있기 때문이다. 만약 한 자음이 강한 [원순 성]을 가지고 있으면 '구축'으로 그의 음가를 설명했을 것이다.

성무기음이므로 'ㅸ'도 무성무기음이 될 수밖에 없다고 주장하여 'ㅸ'의 음가를 무성 양순 마찰음 [Φ]로 보았다. 김무림(1999:43)은 'ㅸ'이 전청음으로 분류된 것은 15세기 장애음 체계에 유성과 무성의 대립이 없었음을 잘 말해 준다고 지적하고 [Φ]의 환경적 변이음으로 [β]가 존재하기 때문에 'ㅸ'의 음가를 [Φ]로 해석하는 것이 합리적이라고 주장하였다.

선행 연구에서는 'ㅸ'이 전청음임을 강조하고 유성음 사이에서 'ㅸ'이 유성음화가 일어날 수 있기 때문에 'ㅸ'의 음가를 무성음으로 재구한 논리다. 'ㅸ'이 중국 운서의 비모(非母)와 대응하는 것을 증거로 삼고 전청음이었다고 추정하였다. 그러나 『훈민정음』에서는 'ㅸ'을 전청음으로 분류하지 않고[13) 『홍무정운역훈』, 『사성통해』를 비롯한 중국어 운서에서 'ㅸ'을 비모와 대응시켰다. 『홍무정운역훈』, 『사성통해』에 나타나는 'ㅸ'은 중국음을 표기할 때 쓰이는 것이므로 이를 통해 한국어에서 쓰이는 'ㅸ'의 음가를 추정하기 어렵다. 더군다나 'ㅸ'은 항상 유성음 사이에만 위치하고 무성음으로 발음되는 경우를 찾기 어렵기 때문에 무성음으로 재구해도 되는지 의심스럽다.

2.3.4. [v]음설

임만영(1968)과 우민섭(1997) 등 학자는 'ㅸ'의 음가를 유성 순치 마찰음 [v]로 재구하였다.

임만영(1968: 95-98)에서는 'ㅸ'이 한국 고유어에서 어두에 올 수 없

---

13) 『훈민정음』에서 자모의 청탁을 분류할 때 'ㅸ'을 제외하였다.

다는 것을 강조하면서 'ᄫ'이 양순의 '장합물합(將合勿合)'의 음으로 모음에 가깝다고 하고 'ᄫ'의 음가를 윗니와 아랫입술에서 조음되는 [v]로 해석하였다. 그러나 만약 'ᄫ'이 순치음이라면 『훈민정음』에서는 '순치장합물합(脣齒將合勿合)'과 비슷하게 기록했을 가능성이 높다. '脣乍合而喉聲多(입술은 잠깐 다물었다가 바로 열어서 목구멍소리가 많다.)'의 『훈민정음』 기록만으로 'ᄫ'의 조음위치가 순치이었다는 것을 해석하기 어렵다.

우민섭(1997: 8-10)에서는 범어의 'va'를 '바'로 음역한 점을 근거로 하여 'ᄫ'의 음가를 유성 순치 마찰음 [v]로 해석하였다. 그러나 외국어를 표기하기 위해 쓰이는 한글과 고유어에서 쓰이는 한글의 음가가 같다고 보기 어렵다. 앞서 언급했듯이 『홍무정운역훈』에서는 'ᄫ'이 전청자로 [f]에 해당되지만 이를 증거로 삼아 당시 고유어에 있는 'ᄫ'을 [f]로 재구하기 어렵다. 범어 음역 문헌도 마찬가지다. 범어 음역 문헌에서 'ᄫ'과 [v]의 대응이 분명하더라도 이를 증거로 당시 고유어에서의 'ᄫ'의 음가를 [v]로 재구할 수 없다.

2.3.5. [bʷ]음설

박종희(1982), 서영석(1989), 최호섭(2000) 등 학자는 'ᄫ'의 음가를 원순성을 지니고 있는 유성 양순 파열음 [bʷ]로 해석하였다.

박종희(1982:97)에서는 무성음 /p/와 유성음 /b/가 대립을 이루다 소멸하는 과정에서 일부는 무성음 /p/의 변이음 [b]가 되고 일부는 다른 음의 영향으로 [bʷ]로 약화되어 'ᄫ'으로 표기된 것으로 해석하였다.

서영석(1989: 114-115)에서는 '순사합(脣乍合)'과 '후음다(喉音多)'라는 『훈민정음』의 기록을 통해 'ㅸ'의 음가를 재구하였다. '순사합(脣乍合)'은 'ㅸ'을 양순 폐쇄음으로 해석할 수 있고 '후음다(喉音多)'는 [ㅇ]이 [b]에 이어 나는 [w] 소리가 많음을 의미하며 'ㅸ'이 음가를 [bʷ]로 해석하였다. 최호섭(2000: 18-27)에서는 순경음에 쓰인 'ㅇ'을 순음을 조음한 후에 입술이 동그랗게 변하는 모양으로 해석하고 'ㅸ'의 음가를 원순성을 지닌 [bʷ]로 재구하였다.

그러나 양순 파열음을 제외한 다른 파열음은 유성과 무성으로 대립되는 문자가 없는데 양순음 계열만 유성과 무성으로 대립되는 문자가 존재하는 이유를 밝혀야 한다. 선행 연구에서는 이러한 이유에 대한 설명이 많이 확인되지 않았다. 그리고 [bʷ]는 [원순성] 자질을 가지고 있는 소리이고 『훈민정음』에서는 '구장(口張)'과 '구축(口蹙)'을 이용하여 [원순성] 자질을 설명하였다. 'ㅸ'의 [원순성]에 대한 설명이 없는 상태에서 'ㅸ'의 음가를 [원순성] 자질을 가진 음으로 해석하기 어렵다.

2.3.6. 상징표기설

'ㅸ'을 상징표기로 해석하는 학자는 주로 남광우(1962), 유창돈(1964b), 서정범(1990), 렴종률(1992), 조규태(1998), 정우영(1999), 김동소(2002) 등이 있다. 이러한 주장은 주로 두 가지 측면에서 다루었다. 하나는 'ㅸ'을 'ㅂ>w' 혹은 'ㅂ>∅'의 한 단계로 보고 이러한 변화의 상징적인 표기로 해석한 주장이다. 또 하나는 당시 중앙어의 'ㅂ 탈락형'과 방언

의 'ㅂ 유지형'을 절충적으로 표기하기 위해 'ㅸ'이 쓰였다는 주장이
다. 구체적인 주장들은 다음과 같다.

남광우(1962:97)에서는 'ㅸ'이 한자음표기를 위한 문자이고 고유어
의 'ㅂ 개입 어형'과 '원순모음 어형'이 공존하는 상황에서 'ㅸ'이 표
기될 수 있었으며 'ㅸ'으로 표기된 형태가 실제 'ㅂ'이 탈락하는 형
태라고 언급하였다. 따라서 남광우(1962)는 'ㅸ'을 상징표기로 해석하
였다. 유창돈(1964b:72)에서는 'ㅸ'이 독립된 음운 표기가 아니라고 주
장하며 무성음 'ㅂ'이 유성음 사이에서 유성음화되어 '오·우'로 변
하는 것을 나타내기 위한 상징적 표기라고 해석하였다. 그리고 렴종
률(1992:53)은 'ㅸ'의 현실음이 'ㅂ 탈락형'과 같다고 주장하고 'ㅸ'을
일종의 상징표기로 해석하였다. 조규태(1998)는 'ㅂ 유지형'과 '오/우
형'이 공존하는 상황에서 'ㅂ 유지형'을 택한 쪽에서 '오/우 형'과의
관계를 생각하여 'ㅸ'을 사용하였다고 해석하였다.

그리고 정우영(1999: 70-72)에서는 'ㅸ'을 한국어음의 통일을 위해
인위적으로 만든 절충적 표준음 표기로 해석하였고 'ㅂ'으로 실현되
던 방언형과 '∅, 오/우' 등으로 실현되던 중앙어형을 절충하여 'ㅸ'
을 사용한 것으로 보았다. 김동소(2002)에서는 남부 방언의 'ㅂ 유지
형' 낱말과 중부 방언의 'ㅂ 탈락형' 낱말의 절충형을 표시하기 위해
'ㅸ'을 사용했다고 보았다. 서정범(1990)에서는 방언의 'ㅂ 유지형'과
달리 중앙어에서 'p>w' 변화가 발생하여, 'ㅂ'을 복귀시켜 중앙어와
방언의 차이를 없애려는 한국어 통일의 목적으로 'ㅸ'을 사용하였다
고 해석하였다.

그러나 15세기 문헌을 보면 주로 연철 표기를 사용하였는데 연철

표기는 형태보다 소리를 더 중요시하는 표기법이다. 상징표기는 소리보다 형태를 더 중요시하는 장치로 해석되므로 상징표기 문자가 만들어지는 원인을 밝힐 필요가 있다. 그리고 『훈민정음』은 백성들이 일상생활에서 쉽게 사용할 수 있도록 만든 것이고 상징표기 문자는 오히려 당시 한국어의 문자 체계를 더 복잡하게 만들었을 가능성이 크다. 따라서 '병'을 상징표기 문자로 해석하려면 이러한 문자가 왜 만들었는지, 이로 고유어를 표기하는 원인이 무엇인지 밝혀야 한다. 이것은 상징표기설의 미진한 부분이다.

2.4. '병'의 변화

본절에서는 '병'의 변화와 관련된 선행 연구를 고찰하겠다. 주로 변화의 유형, 변화의 시기와 원인으로 나눠 고찰하겠다.

2.4.1. 변화의 유형

현대 한국 방언에 '병'의 반사형이 주로 활음 [w], 'Ø(ZERO)', 'ㅂ'이 있다. 본장에서는 이러한 반사형을 단서로 삼고 '병'의 변화와 관련된 선행 연구를 고찰하고자 한다. 활음 [w]와 'Ø'는 모두 '병'의 약화 형태에 해당되므로 묶어서 분석하겠다.

2.4.1.1. '[w], ∅ 반사형'에 대하여

'ᄫ'의 '[w], ∅ 반사형'에 대한 견해는 'ᄫ'의 음운론 지위와 기원의 해석에 따라 달라진다.

우선 'ᄫ'을 음소로 해석하는 이숭녕(1954), 윤황애(1962), 김석득(1964), 임만영(1968), 이기문(1972), 박종철(1976), 최명옥(1978), 장영길(1985), 허웅(1985), 배윤덕(1989), 박창원(1996), 류렬(1992), 고동호(1994), 최호섭(2000), 한상인(2001), 신승용(2003),[14] 김무림(2004), 장운혜(2008), 여은지(2009), 김한별(2012) 등 학자들은 'ᄫ'의 '[w], ∅ 반사형'을 'ᄫ>w', 'ᄫ>∅'의 변화를 겪은 것으로 해석하였다.

위에서 나열한 선행 연구들은 'ᄫ'이 다른 음을 거치지 않고 바로 활음 [w]로 변하거나 탈락한다고 주장하는데 김경아(1996)는 'ᄫ'이 우선 /ɦw/를 거친 다음에 활음 [w]로 변하거나 탈락한 것으로 해석하였다. 15세기 문헌에서는 '글발'과 '글왈'이 확인되고 '글왈'이 분철로 표기되어 있는 것은 'ㅇ'이 음가를 가지고 있었다는 것을 의미하기 때문이다. 그러나 언어 유형론적으로 볼 때 한 음소가 2개의 음소로 변하기 어렵다는 문제점도 안고 있다.

한편, 'ᄫ'을 음소로 인정하지 않는 학자들은 'ᄫ'의 기원에 따라 'ᄫ'의 '[w], ∅ 반사형'에 대해 다르게 해석하였다.

유창돈(1964b), 조규태(1998), 정우영(1999), 김동소(2002), 이동석(2004) 등은 'ᄫ'의 기원을 'ㅂ'으로부터 유래했다고 보고 'ᄫ'의 '[w], ∅ 반

---

14) 신승용(2003)은 15세기 중엽의 'ᄫ'을 음소로 보지 않지만 15세기 이전 시기에 'ᄫ'이 음소로 존재하였다고 주장하며 'ᄫ'의 '[w], ∅ 반사형'을 'ᄫ>w', 'ᄫ>∅'의 변화를 겪은 것으로 해석하였다.

사형'을 'ㅂ>w', 'ㅂ>∅'의 변화를 겪은 형태로 해석하였다.

오종갑(1981), 박종희(1982), 서영석(1989)을 비롯한 학자는 'ㅸ'이 /*b/에서 유래한 것이라고 보고 'ㅸ'의 '[w], ∅ 반사형'을 '*b>w', '*b>∅'의 변화를 겪은 것으로 해석하였다.

이상으로 'ㅸ'의 '[w], ∅ 반사형'과 관련된 선행 연구를 살펴보았다. 'ㅸ'의 기원, 음운론 지위를 보는 관점에 따라 'ㅸ'의 변화도 다르게 해석하였다. 그러나 4.1.2에서 자세히 설명하겠지만 후기 중세 한국어에서 'ㅸ'과 'ㅂ'의 진정한 최소대립쌍이 확인되지 않고 『훈민정음』과 15세기 중엽 문헌의 기록만으로는 'ㅸ'을 음소로 해석하기 어렵다. 그리고 2.1.2에서 밝혔듯이 'ㅸ'이 /*b/에서 유래한 /*b/ 기원설은 역시 문제가 있다. 이러한 문제가 있는 주장에 기반하여 얻은 결과는 설득력이 높지 않다.

2.4.1.2. 'ㅂ 반사형'에 대하여

'ㅸ'의 'ㅂ 반사형'에 대한 견해는 'ㅸ'의 음운론 지위의 해석에 따라 달라진다.

우선 'ㅸ'을 음소로 보지 않는 주장을 보자. 후기 중세 한국어에서는 'ㅸ'이 음소의 기능을 수행하지 못하고 'ㅂ'의 변이음이었다면 현대 방언에 있는 'ㅂ 반사형'은 쉽게 설명할 수 있다. 즉 'ㅂ 반사형'은 'ㅂ'이 유지된 형태이다. 다만 2.2.2에서 언급한 것처럼 'ㅸ'을 비음소로 해석하면 당시 사람들은 이러한 음성을 어떻게 인식하고 문자까지 만들었는지 설명해야 한다.

다음은 'ㅸ'을 음소로 해석하는 선행 연구를 보겠다. 이숭녕(1954), 김석득(1964), 임만영(1968), 김완진(1974), 최명옥(1978), 박창원(1996), 최호섭(2000), 장운혜(2008)를 비롯한 학자들은 'ㅸ'을 음소로 해석하면서 'ㅸ'의 'ㅂ 반사형'을 'ㅸ>ㅂ'의 변화를 겪은 형태로 해석하였다. 그러나 'ㅸ>ㅂ'의 변화가 일어날 수 있는지 의심된다. 'ㅸ'은 유성음 사이에만 나타나고 이러한 환경에서 유성 마찰음이 무성 폐쇄음으로 되는 변화가 일어나기 어렵기 때문이다.

이러한 문제점을 의식해서 김한별(2012)은 'ㅸ'의 'ㅂ 반사형'을 'ㅂ>ㅸ>w', 'ㅂ>ㅸ>∅'의 변화를 겪지 않은 형태로 해석하였다. 그리고 'ㅸ'을 상징표기, 혹은 /*p/기원설로 주장하는 학자들은 'ㅸ'의 'ㅂ 반사형'에 대한 언급이 많지 않지만 아마 'ㅂ'이 유지된 형태로 해석하였을 것이다. 그런데 이렇게 해석하게 되면 또 다른 문제가 생긴다. 즉 같은 환경에서 'ㅂ'이 약화되는 경우와 약화되지 않는 경우가 모두 존재한 원인에 대해 설명해야 한다. 김한별(2012)은 이러한 문제를 어휘 확산으로 해석하였지만 2.1.1에서 이미 언급한 것처럼 실제 'ㅸ'의 반사형의 분포는 어휘 확산 모델과 지리적으로 차이가 있기 때문에 어휘 확산으로 해석하는 것은 문제가 없지 않다.

2.4.2. 변화의 시기와 원인

우선은 변화의 시기를 살펴보자. 대부분 선행 연구는 15세기 중엽으로 보고 있다. 강길운(1993:211)은 'ㅸ'이 사라진 시간을 이조 초기로 추정하였다. 김석득(1964:18)에서는 『석보상절』에서 'ㅸ'이 '오',

'우'로 표기되는 예를 제시하여 'ㅸ'이 이미 사라지고 있고 1460년 직전에 완전 소멸했다고 주장하였다. 허웅(1985:466)에서는 1460년대 세조조의 불경 언해에서 'ㅸ'이 나타나지 않고 완전히 떨어지거나 '오/우'로 바뀐다고 지적한 바가 있다. 이기문(1998:141)에서는 15세기 중엽이 'ㅸ'이 잔존한 최후의 순간이라고 하고 1450년까지 존속한 것으로 언급하였다. 정우영(2005:298), 이동석(2013:72)도 1461년에 간행된 『능엄경언해』부터 'ㅸ'이 사실상 사용되지 않았다고 주장하였다.

문자의 사용은 문헌이 실제보다 뒤에 처지는 경향이 있다. 이를 고려하여 15세기 중엽에 'ㅸ'이 이미 소멸되었다고 주장하는 학자도 있다. 임만영(1968: 98-102)에서는 'ㅸ'의 사용시기가 훈민정음 창제된 1443년부터 『능엄경언해』가 간행된 1461년까지이었다고 하고 세종 당대에도 동요되어 표기상 혼용하기 때문에 'ㅸ'의 소멸 시기는 세종 이전으로 보아야 한다고 주장하였다.

다음은 'ㅸ'의 변화 원인과 관련된 선행 연구를 살펴보겠다. 김완진(1974), 최명옥(1978), 박창원(1996), 고동호(1994), 신승용(2003) 등 학자들은 'ㅸ'의 변화 원인을 'ㅸ'의 비음소화로 해석하였다. 그러나 'ㅸ'의 비음소화가 일어나는 원인에 대한 구체적인 설명이 없다. 김한별(2012: 108-112)에서는 'ㅸ'을 음소로 해석하면서 'ㅸ'의 낮은 기능 부담량(functional load), 당시 음절수의 확대와 음소수의 증가에 따른 언어 치유(linguistic therapy)적 변화가 이러난 것은 'ㅸ'의 비음소화의 원인으로 해석하였다.

'ㅸ'의 변화 원인은 음성학, 음운론, 표기법 등 여러 가지 측면을 통해 고찰할 수 있다. 음성학적으로 볼 때 'ㅸ'은 다른 분절음과의 유사성이 많아지면 조음적 뿐만 아니라 청각적으로도 다른 분절음과의 구별이 어려워진다. '병'은 다른 분절음과 경계가 모호해지면 자연적으로 탈락하는 길을 걷게 된다. 그리고 음운론적으로 볼 때 '병'이 짧은 시간에 사용된 문자일 만큼 아주 불안정한 성격을 지니고 있었을 것이다. 이러한 성격은 탈락한 원인이 될 수 있다. 한편, 표기법적으로는 '병'이 상징표기로 해석되면 이러한 문자는 당시 사람들의 표기의식으로 만들었을 가능성이 높다. 시간이 지나 이러한 표기의식이 약해지거나 사라지면 '병'도 사라지게 된다.

2.5. 정리

본장에서는 '병'과 관련된 선행 연구를 '병'의 기원, '병'의 음운론 지위, '병'의 음가, '병'의 변화로 나누어 살펴보았고 각 주장의 근거와 문제점을 함께 제시하였다. '병'과 관련된 선행 연구를 표로 정리하면 다음과 같다.

〈표 3〉 '병'의 연구사

내용		선행 연구
기원	/*p/ 기원설	河野六郎(1945), 이숭녕(1954), 박병채(1967), 허웅(1985), 박동규(1985), 류렬(1992), 이동석(2010), 김한별(2012)
	/*b/ 기원설	小倉進平(1939), 박종희(1982), 배윤덕(1989), 서영석(1989), 박창원(1996)
	/*β/ 기원설	이기문(1972), 최명옥(1978), 김무림(2004)
	/*ɸ/ 기원설	강길운(1993), 고동호(1994)

음운론 지위			음소설	이숭녕(1954), 윤황애(1962), 김석득(1964), 임만영(1968), 이기문(1972), 박종철(1976), 최명옥(1978), 장영길(1985), 허웅(1985), 조세용(1990), 류렬(1992), 박창원(1996), 최호섭(2000), 김무림(2004), 장운혜(2008), 김한별(2012)
			비음소설	박병채(1971), 오종갑(1981), 김두영(1984), 조규태(1998), 정우영(1999), 김동소(2002), 신승용(2003), 이동석(2004), 박선우(2018)
음가			[β]음설	河野六郎(1945), 이숭녕(1954), 김형규(1955), 윤황애(1962), 김석득(1964), 이기문(1972), 황희영(1979), 김두영(1984), 류렬(1992), 박창원(1996), 장운혜(2008)
			[w]음설	小倉進平(1923), 유응호(1946), 김형규(1955), 장향실(2003), 이동석(2013)
			[ɸ]음설	김윤경(1964), 박동규(1985), 권재선(1992), 김종훈(1998), 김무림(1999)
			[v]음설	임만영(1968), 우민섭(1997)
			[bʷ]음설	박종희(1982), 서영석(1989), 최호섭(2000)
			상징표기설	남광우(1962), 유창돈(1964b), 서정범(1990), 렴종률(1992), 조규태(1998), 정우영(1999), 김동소(2002)
변화	유형	[w], ∅ 반사형	ㅸ>w,∅	이숭녕(1954), 윤황애(1962), 김석득(1964), 임만영(1968), 이기문(1972), 김완진(1974), 허웅(1985), 박종철(1976), 최명옥(1978), 장영길(1985), 배윤덕(1989), 박창원(1996), 류렬(1992), 고동호(1994), 최호섭(2000), 한상인(2001), 김무림(2004), 장운혜(2008), 여은지(2009), 김한별(2012)
			ㅸ>ɦw>w,∅	김경아(1996)
			ㅂ>w,∅	유창돈(1964b), 조규태(1998), 정우영(1999), 김동소(2002), 이동석(2004)
			*b>w,∅	오종갑(1981), 박종희(1982), 서영석(1989)
		ㅂ 반사형	ㅸ>ㅂ	이숭녕(1954), 김석득(1964), 임만영(1968), 김완진(1974), 최명옥(1978), 박창원(1996), 최호섭(2000), 장운혜(2008)
			ㅂ 유지	김한별(2012)

시기	15시기 중엽	임만영(1968), 강길운(1993), 김석득(1964), 허웅(1985), 이기문(1998), 정우영(2005), 이동석(2013)
원인	비음소화	김완진(1974), 최명옥(1978), 박창원(1996), 고동호(1994), 신승용(2003), 김한별(2012)

제 3 장

붕의 기원

제 3 장   붕의
         기원

본장에서는 '붕'의 기원에 대해 살펴보겠다. 2.1에서는 '붕'의 기원과 관련된 선행 연구를 살펴보았고 '붕'의 기원에 대해 주로 /*p/ 기원설, /*b/ 기원설, /*β/ 기원설, /*ɸ/ 기원설 등이 있었다. 현재는 /*p/ 기원설과 /*β/ 기원설이 대립하고 있다. 이러한 대립적인 주장들이 존재하기 때문에 '붕'의 기원에 대한 재고를 요구하게 된다. 본장에서는 문헌 기록, 방언 자료를 통해 '붕'의 기원을 다시 규명하고자 한다.

3.1. 문헌 자료로 본 '붕'의 기원

훈민정음 초기 문헌에서는 '붕'으로 표기된 단어가 흔히 발견되므로 이 시기에는 '붕'이 있었다고 믿어진다. 그런데 훈민정음 이전에

'ㅸ'이 존재하였는지에 대해 계속 논쟁이 있어 왔다. 본절에서는 훈
민정음 이전 문헌을 다시 살펴봄으로써 'ㅸ'의 존재 여부를 확인하
고 이를 바탕으로 'ㅸ'의 기원을 밝히고자 한다.

훈민정음 이전의 한국어는 원시 한국어, 고대 한국어, 전기 중세
한국어로 시대 구분을 할 수 있다.[15] 고려 왕조가 성립하는 10세기
는 중세 한국어와 고대 한국어를 양분한 시기이고, 15세기 중엽의
훈민정음은 중세 한국어를 전기 중세 한국어와 후기 중세 한국어로
나누는 사건이라고 생각한다.[16] 삼국시대와 통일신라시대는 고대 한
국어에 속하고 삼국시대의 이전 시기에서 사용된 한국어는 원시 한
국어라고 하겠다. 그런데 'ㅸ'과 관련해서 한국어사에 기여할 수 있
는 삼국시대 이전의 자료가 아주 희박하기 때문에 원시 한국어를 고
찰하지 않기로 한다. 지금부터 고대 한국어, 전기 중세 한국어에서
'ㅸ'이 존재하였는지를 살펴보도록 하겠다.

3.1.1. 고대 한국어에서의 'ㅸ'의 흔적

본항에서는 고대 한국어 문헌을 살펴보고 'ㅸ'의 존재 여부를 파악
하고자 한다.

우선 15세기 한국어에 'ㅸ'을 가진 단어가 고대 한국어에 어떻게

---

15) 이 책은 대개 이기문(1998)에서 제시한 시기를 따른다.
16) 이기문(1998: 121-122)은 『조선관역어』를 후기 중세 한국어의 문헌으로 보았다. 그러
나 '유성 마찰음' 측면을 볼 때 『조선관역어』의 기록은 훈민정음 이후의 문헌 기록과
차이가 있다. 따라서 이 책은 『조선관역어』를 전기 중세 한국어 문헌으로 본다. 자세
한 내용은 3.1.2에서 논의하겠다.

표기되어 있는지 살펴보자. 후기 중세 문헌에 '셔블'은 여러 차례 나오고 '수도'의 의미를 가지고 있다. 이숭녕(1954:47)은 '셔블'이 '소부리(所夫里)'로부터 유래했다고 주장하였다. 이숭녕(1954)의 주장에 따르면 '所'와 '셔'가 대응되고 '夫里'와 '블'이 대응된다. '夫'는 경순음(輕脣音)자이고 운서의 경순음은 한국의 순경음과 대응된다. 만약 고대 한국어에 있는 '夫'가 경순음으로 발음되었음을 증명하면 당시에 'ㅸ'이 존재한다고 할 수 있다. '所夫里'와 관련된 기록을 제시하면 다음과 같다.

(3)
十六年春 移都於泗沘(一名所夫里) 國號南扶餘 (『三國史記』권26)

위의 기록을 통해 '泗'와 '所', '沘'와 '夫里'가 서로 대응되고 있음을 알 수 있다. 여기 주목할 만한 것은 '沘'는 순음자이다. 이 기록을 통해 당시 '夫'는 경순음(輕脣音)으로 발음되지 않고 순음으로 발음되었음을 알 수 있다. 따라서 당시 'ㅸ'이 없었을 것이다.

'셔블'의 어원에 대해 이견이 없지 않다. 도수희(1975)는 '셔블'의 어원이 '소부리(所夫里)'가 아니고 '서벌(徐伐)'로부터 유래했다고 주장한다. 이러한 주장에 따르면 '셔'는 '徐'와 대응되고 '블'은 '伐'과 대응된다. '伐'도 경순음(輕脣音)자이다. 만약 고대 한국어에서 '伐'이 경순음으로 발음되었음을 입증하면 당시에 'ㅸ'이 존재한다고 할 수 있다. '伐'과 관련된 기록을 살펴보자.

(4)
  가. 完山 一云**比斯伐** 一云**比自火** (『三國史記』권37)
  나. 臨關郡 本**毛火**(一作**蚊伐**)郡 (『三國史記』권34)

  (4가)를 통해 '比斯'와 '比自', '伐'과 '火'의 대응을 알 수 있고 (4
나)를 통해 '毛'와 '蚊', '火'와 '伐'이 서로 대응된다는 것을 알 수 있
다. '火'는 훈차자로 '블'의 표기이고 '伐'은 음차자로 '발' 정도 읽을
수 있다.[17] 고대 한국어에서 '伐'의 초성은 'ㅸ'이 아닌 'ㅂ'이므로
당시에 'ㅸ'이 없다는 결론을 도출할 수 있다.
  그리고 후기 중세 한국어에는 '곱-[麗]'이 있는데 모음으로 시작하
는 어미와 결합할 때 'ㅂ'이 'ㅸ'으로 표기된 예들이 확인된다. 이와
대응된 고대 한국어 표기를 살펴보겠다.

  (5)
  가. 姊**古巴里** 前妻古老里 (『甘山寺彌勒菩薩造像銘』)
  나. 亡妻古路里 亡妹**古寶里** (『甘山寺彌勒如來造像銘』)

  『감산사미륵보살조상명(甘山寺彌勒菩薩造像銘)』은 719년의 문헌이고『감
산사미륵여래조상명(甘山寺彌勒如來造像銘)』은 720년의 문헌이다. '古巴
里'와 '古寶里'는 같은 인물의 표기인데 두 문헌에서 달리 표기되고
있다. 그리고 이들은 고유어이고 또 여성의 이름이란 것을 고려하면
'古巴'와 '古寶'는 후기 중세 한국어의 '곱-[麗]'과 서로 대응될 수 있
다.[18] '巴'와 '寶'가 모두 방모자(幇母字)인 것을 고려할 때 그시기에

---

17) 구체적인 논의는 최남희(1999: 200-201) 참조
18) 구체적인 논의는 남풍현(2000: 123-124) 참조

'봉'이 없다고 생각한다.

다음은 경순음(輕脣音)의 용례를 살펴보겠다. 먼저 비모(非母)자의 예들이다.

(6)

<u>赫居世王</u> 蓋鄕言也 或作<u>弗矩內王</u> 言光明理世也 (『三國遺事』권1)

이상의 기록을 통해 '赫'과 '弗'이 대응된 것을 알 수 있다. '赫'은 훈독자로 '붉'으로 읽히고 '弗'은 음차자로 '블'로 해석된다. 그리고 '弗'은 경순음인 비모(非母)자이다. 이러한 사실을 통해 비모는 'ㅂ'과 대응된 것을 확인할 수 있다.

계속 예문을 보자.

(7)

郁甫 <u>甫</u> 一作 <u>部</u> (『三國遺事』권1)

(7)에서 제시한 것처럼 '甫'와 '部'가 대응된 것이 분명하다. 이들은 모두 음차자이고 '甫'는 경순음인 비모(非母)자이며 '部'는 순음인 병모(並母)자이다. (7)을 통해 경순음인 비모가 순음인 'ㅂ'과 대응된 것을 다시 확인하였다.

계속해서 미모(微母)자의 예들을 보겠다.

(8)

가. <u>祗摩尼師今</u>或云<u>祗味</u> (『三國史記』권1)

나. <u>祗磨尼叱今</u>一作<u>祗味</u> (『三國遺事』권1)

위에서 제시한 것처럼 '摩'와 '磨'와 '味'는 서로 대응된다. 이들은 모두 음차자이고 '味'는 경순음인 미모(微母)자이며 '摩'와 '磨'는 모두 순음인 명모(明母)자이다. (8)을 통해 경순음인 미모가 순음인 'ㅁ'과 대응된 것을 알 수 있다.

(9)

奈勿 一云 那密 尼師今 (『三國史記』권3)

(9)를 통해 '勿'과 '密'이 서로 대응된 것으로 알 수 있다. 이 두 글자는 모두 음차자이고 '勿'은 경순음인 미모(微母)자이며 '密'은 순음인 명모(明母)자이다. (9)를 통해 미모가 'ㅁ'과 대응된 것을 알 수 있다. 문헌에서 '勿'자의 다른 기록도 확인된다.

(10)

黑壤郡 一云 黃壤郡 本 高句麗 今勿內郡 景德王 改名 今鎭州 (『三國史記』권35)

이상의 기록을 통해 '今勿'과 '黑'이 대응된 것을 알 수 있다. '黑'은 훈차자로 '그므-' 정도 읽을 수 있다.[19) '今'과 '勿'은 모두 음차자이고 '今勿'은 '그므' 정도 읽을 수 있다. (10)을 통해 당시 미모(微母)가 'ㅁ'과 대응된 것이 분명하다는 것을 알 수 있다.

(11)

臨關郡 本毛火(一作 蚊伐)郡 (『三國史記』권34)

---

19) 구체적인 설명은 최남희(2005: 58-59) 참조

이 기록을 통해 '毛'와 '蚊', '火'와 '伐'이 대응된 것을 알 수 있다. '火'와 '伐'에 대해 앞서 이미 설명하였고 이를 통해 당시 'ㅸ'이 없었음을 알 수 있다. '毛'와 '蚊'은 모두 음차자이고 '蚊'은 경순음인 미모(微母)자이며 '毛'는 순음인 명모(明母)자이다. (11)을 통해 미모가 'ㅁ'과 대응된 것을 알 수 있다.

한편, 후기 중세 문헌에서는 일부 단어가 'ㅇ'으로 표기되었는데 고대 문헌에서는 그들의 'ㅂ 형태'가 확인된다. 예를 보겠다.

(12)
比屋縣 本**阿火屋**縣(一云**幷屋**) 景德王改名 今因之 (『三國史記』권34)

(12)를 통해 '阿火'와 '幷'이 서로 대응된 것을 알 수 있다. '阿'는 음차자로, '火'는 훈차자로, '幷'은 훈차자로 추정된다. 즉 '阿火'는 '아블'로, '幷'은 '아블'로 읽을 수 있다. 후기 중세 한국어에서 '幷'은 '아올-'인데 '*아블'은 '아올'의 선대형이 된다.

계속 예를 살펴보자.

(13)
加火魚助史三 (경주 안압지 188호 목간)

'加火魚'는 '가오리'와 대응되고 '加'는 음차자로, '火'는 훈차자로 추정된다. 그래서 고대 한국어에는 '가오리'의 뜻을 가진 '*가브리'가 있었고 '*가브리'는 '가오리'의 선대형이다.

마지막으로 향가 가사에 'ㅸ'이 있는지 살펴보겠다. 홍기문(1990),

류렬(2003)은 '如'를 '다빙'로 해석하고 양주동(1965), 류렬(2003)은 '東京'을 각각 '식볼', '서볼'로 해석하며 김완진(1980), 류렬(2003)은 '二'를 '두볼'로 해석하였다. 그리고 지헌영(1947), 김완진(1980), 양주동(1965), 홍기문(1990), 류렬(2003) 등 학자는 '白'을 '숣-'으로 해석한 바가 있다. 그러나 이러한 해석은 해당 한자의 15세기의 훈을 그대로 가져온 것이다. 이러한 해석을 통해 고대 한국어에 'ㅸ'이 있었다고 하기 어렵다.

한편, 향가의 해석은 '훈주음종(訓主音從)'의 원칙이 있다. 고대 한국어 문헌이 많지 않아 한자의 훈은 중세 자료를 의존할 수밖에 없다. 그런데 'ㅸ'의 존재 여부에 대한 고찰은 한자 당시의 음과 훈이 필요한데 향가 자료는 도움이 많이 되지 않는다.

이상으로 고대 한국어에서 'ㅸ'의 흔적을 살펴보았다. 이 시기에는 'ㅸ'이 없다는 결론을 내리고자 한다.

3.1.2. 전기 중세 한국어에서의 'ㅸ'의 흔적

본항에서는 전기 중세 한국어 문헌을 살펴보고 이 시기 'ㅸ'의 존재 여부를 확인하겠다. 주로 대역 문헌과 차자표기 문헌을 살펴보겠다.

우선 대역 문헌을 보겠다. 12세기 초에 송나라 사람 손목(孫穆)이 서장관으로 고려에 왔고 『계림유사』를 편찬하였다. 2.1.3에서 소개했듯이 김무림(2004)은 『계림유사』의 '酥孛', '雌孛' 등 단어와 15세기의 그들의 후대형인 '수울', '저울'을 비교하면서 '수울', '저울' 등 단어가 체언인 점을 강조하고 'ㅂ'으로부터 직접 약화되었다고 볼 수 없으며 이들이 '붕'을 가진 단어라고 주장하였다. 그런데 이렇게 해석해도 되는지 의문이다. 『계림유사』에서 '孛'로 표기된 단어를 나열하면 다음과 같다.

(14)
가. 風曰孛纜 (『계림유사』:3ㄱ)
나. 佛曰孛　　(『계림유사』:3ㄴ)
다. 二曰途孛 (『계림유사』:3ㄴ)
라. 火曰孛　　(『계림유사』:4ㄴ)
마. 酒曰酥孛 (『계림유사』:8ㄱ)
바. 秤曰雌孛 (『계림유사』:10ㄱ)
사. 匱曰枯孛 (『계림유사』:10ㄴ)
아. 扇曰孛采 (『계림유사』:10ㄴ)
자. 柴曰孛南木 (『계림유사』:11ㄴ)

위에서 제시한 것처럼 '孛'은 어두와 어중에 모두 나타날 수 있다. 어중에 있는 '孛'을 '붕'을 가진 음절로 해석하고 어두에 있는 '孛'을 'ㅂ'을 가진 음절로 해석하는 것이 합리적이지 않다. 최영선(2015: 50-52)에서는 당시 '붕'을 음소 /β/로 보고 어중에 있는 '孛'과 일부의 '背'자를 '붕'을 사음한 것으로 해석하였다. 『계림유사』의 대역 한자를 분석하여 12세기의 한국어 음운 체계를 재구할 때는 자료 자체를 위주로 해야 한다. 증명되지 않은 가설을 전제하여 얻은 결론은 가설에 의한 가설에 불과하다. 그리고 대역 자료를 분석할 때에 일관성이 필요하다. 그러나 최영선(2015)은 '苧布曰毛施背'의 '背'와 '袴曰珂背'의 '背'를 각각 '뵈', '뷕'로 해석하였다. 이렇게 해석한 원인은 후기 중세 한국어에 '袴'의 의미를 가진 'ᄀ외'가 있었기 때문이다. 그런데 어중에 있는 '背'는 방모자(幇母字)인데 비슷한 음운 환경에서 '뵈', '뷔'로 해석하는 것이 합리적인지 의문이다. 이 두 예는 오히려 당시에 'ㅸ'이 없었다는 좋은 증거가 된다.

경순음 한자로 대역한 항목을 보겠다.

(15)
가. 雨曰霏微 (『계림유사』:3ㄱ)
나. 被曰泥不 (『계림유사』:9ㄴ)
다. 無曰不鳥實 (『계림유사』:12ㄴ)

『계림유사』에서는 경순음 한자로 사음한 항목은 세 개만 확인된다. (15가)의 '雨曰霏微'는 아직 해독되지 않고 (15나)와 (15다)는 모두 '不'자와 관련된다. 강신항(1980:112)은 '不鳥實'을 '鳥不實'의 잘못으로 보고 이를 '업슬'로 해석하였다.[20] 이처럼 '不'은 비모(非母)자이지만 'ㅂ'을 사음한 가능성이 높다. 그리고 음절에서의 'ㅸ'의 출현 위치를 고려할 때도 역시 '不'이 'ㅂ'을 사음하였을 것이다. '不'이 'ㅂ'을 가진 음절로 해석되므로 (15나)의 '泥不'을 '니블'로 해석하고자 한다.

계속해서 15세기 초의 대역 문헌인 『조선관역어』를 살펴보겠다. 예문을 보겠다.

---

20) 참고로 '無曰不鳥實'의 앞 항목은 '有曰移實'이고 '有曰移實'은 '이실'로 해석된다.

(16)

가.	熱酒	**得本數本**	耶主	(『朝鮮館譯語』:22ㄴ)
나.	酒	**本數**	主	(『朝鮮館譯語』:22ㄱ)
다.	鄰舍	**以本**直	林捨	(『朝鮮館譯語』:12ㄱ)
라.	月斜	**得二吉卜格大**	臥捨	(『朝鮮館譯語』:2ㄴ)
마.	二	**都卜二**	移	(『朝鮮館譯語』:24ㄴ)
바.	妹	**餒必**	埋	(『朝鮮館譯語』:14ㄴ)
사.	蝦蟹	**洒必**格以	哈害	(『朝鮮館譯語』:11ㄱ)
아.	瘦	**耶必大**	所	(『朝鮮館譯語』:19ㄱ)
자.	江心	把剌**憂噴得**	剛沈	(『朝鮮館譯語』:4ㄴ)

강신항(1995: 142-143)과 권인한(1998: 223)은 '得本'을 '더본'으로, '數本'을 *'수볼'로, '以本'을 *'이봇'으로, '吉卜格大'를 *'기볼거다(기울-)'로, '都卜二'를 *'두볼'로, '餒必'을 '누뵈'로, '洒必'을 '사뵈'로, '耶必大'를 '여뵈다(여위-)'로, '憂噴得'을 '가본딕'로 해석하였다. 그러나 '本', '卜', '必'은 방모(幫母)자이고 '噴'은 방모(滂母)자이다. 『조선관역어』에서 '本', '卜', '必', '噴'으로 'ㅂ', 'ㅍ'을 가진 단어를 표기한 예들도 많이 확인된다. 이기문(1968: 60), 강신항(1995: 142)에서는 한국어의 'ㅸ'의 음가가 [β]인 관계로 한어의 순경음 /f/로써 사음하기가 부적합하여 /p/로 사음할 수밖에 없다고 주장한다. 'ㅸ'은 한어의 비모(非母)와 대응되는 것이 맞지만 당시 편찬자들은 [β]를 표기하기 위해 반드시 비모(非母)자를 가지고 사음한 것이 아니다. 『조선관역어』는 중국 역관이 편찬한 책이고 당시 한음에 미모(微母)가 존재하였다. 물론 [v]와 [β]는 조음위치에 차이가 있지만 모두 유성 마찰음이고 음성적으로 아주 유사한 소리다. 조음방법으로 볼 때 마찰음과 파열음은 서로 다르다는 것이 분명하고

청각적으로 [v]와 [β]는 [β]와 [p]보다 가깝다. 만약 당시 'ㅸ'의 음가가 [β]이었다면 편찬자들은 미모(微母)자를 가지고 [β]를 표기했을 가능성이 크다. 그러나 (16)에서 제시한 것처럼 'ㅸ('ᄫ' 포함)'은 미모(微母)자로 표기되지 않았다. 그리하여 『조선관역어』의 편찬 당시에 'ㅸ'의 음가를 [β]로 보기 어렵고 [b]로 해석할 여지가 있다. 이러한 가능성은 이기문(1968: 60)에서도 확인할 수 있다.[21]

　다음은 경순음 한자로 사음한 항목을 보겠다.

(17)
　가. **風**　　把論　　　　**捧**　　（『朝鮮館譯語』:1ㄱ）
　나. 大**風**　　揹把論　　打**捧**（『朝鮮館譯語』:2ㄴ）
　다. 小**風**　　哲根把論　杓**捧**（『朝鮮館譯語』:2ㄴ）
　라. 涼**風**　　燦把論　　兩**捧**（『朝鮮館譯語』:2ㄴ）

　위에서 제시한 것처럼 '風'과 '捧'은 서로 대응된다. 강신항(1995: 141)에서는 '捧'이 한국 한자음을 표기한 것이 아니고 당시의 한음을 표기하였다고 주장한 바가 있다. '捧'은 부모(敷母)자이고 당시 한어에는 부모(敷母)가 이미 없어졌다. 그리고 『조선관역어』의 제3단은 당시 한국 한자음을 기록한 것이기 때문에 '捧'은 당시의 한음을 표기한 것이 아니고 한국 한자음을 표기하였을 것이다. 즉 당시 '風'의 한국 한자음은 [풍]이었다.

---

21) 이기문(1968: 60)에서 (16)에 대해 두 가지 해석을 보여준다. 하나는 'ㅸ'의 음가가 [β]의 전 단계일 가능성이다. 또 하나는 'ㅸ'과 한어의 비모(非母)와 대응하고 'ㅸ'을 /f/로 사음하기가 부적합하여 /p/로 사음할 수밖에 없다. 이 책에서 미모(微母)가 [β]와 유사하기 때문에 미모(微母)자는 [β]를 표기할 수 있다고 생각한다. 그러나 『조선관역어』에서 미모(微母)자를 택하지 않기 때문에 당시 'ㅸ'의 음가가 [b]일 가능성이 높다고 본다.

이상으로 전기 중세 대역 문헌인『계림유사』와『조선관역어』를 살펴보았다. 대역 문헌에서는 'ㅸ'의 흔적이 확인되지 않는다는 결론을 내리고자 한다.

계속해서 전기 중세 차자표기 문헌을 살펴보겠다.

(18)

 爲 **古溫貌** 我隱伊西爲乎伊多 (『謹齋集』2:7ㄴ)

(18)에서 제시한 것은 안축(安軸)의『근재집(謹齋集)』에 실려 있는 경기체가(景幾體歌)「관동별곡(關東別曲)」의 일부 내용이다. 「관동별곡」은 14세기 중엽에 안축에 의해 창작된 작품인데 이를 통해 14세기의 고려어를 파악할 수 있다.

여기서 주목해야 할 것은 '古溫貌'이다. 이에 대해 주로 2가지 해석이 있다. 하나는 '古'와 '溫'을 모두 음독자로 해석하는 방법이고 또 하나는 '古'와 '溫'을 모두 음차자로 보는 해석방법이다. '古'와 '溫'을 모두 음독자로 해석하면 '古溫貌'의 뜻은 '예스럽고 온화한 모습'이 된다. (18)의 앞 내용은 "三日浦, 四仙亭, 奇觀異迹. 彌勒堂, 安祥渚, 三十六峯. 夜深深, 波瀲瀲, 松梢片月.(삼일포, 사선정, 기이한 경관과 모습. 미륵당, 안상의 모래섬, 서른여섯 봉우리. 밤은 깊고 물결은 출렁이는데 소나무 끝에 걸린 조각달.)"로 되어 있고 안축은 이러한 경관을 구경하고 (18)과 같은 감탄을 했다. 이러한 맥락에서 '古'와 '溫'은 모두 음독자로 해석할 수 있다.

그런데 대부분 선학들은 '古'와 '溫'을 모두 음차자로 보려는 경향이 강하다. 다시 말하자면 '古'를 '고'로 해석하고 '溫'을 '온'으로 해석하므로 '古溫貌'의 뜻은 '고운 모습'이 된다. 이렇게 보게 되면 당시 '곱-[麗]'의 활용형은 '고온'이 되고[22] 'ㅂ>w'의 음변화가 이미 일어났다. 그런데 표기법적으로는 '고온'이 '古溫'으로 표기된 것이 일반적이지 않다. 오히려 '麗隱'과 같은 표기가 더 나을지도 모른다.[23] 따라서 당시 'ㅂ>w'의 음변화가 이미 일어났다고 주장하려면 다른 예들을 찾을 필요가 있다.

'ㅂ>w'의 음변화에 대해 석독 구결 자료에는 관련 예들이 확인되지 않고 음독 구결 자료에는 다음과 같은 예들이 있다.

(19)

가. 月蓋ヽ 蒙敎ソ土ト 通達妙道ソ 3 (『楞嚴經(남권희 '가'본)』1:1ㄱ)

나. 王臣ヽ 隨之ソ土ト 以願聞ソ土午ヒ · (『楞嚴經(보물 1248호)』1:9ㄴ)

다. 合掌禮佛ソ土ト (『楞嚴經(기림사본)』2:1ㄴ)

라. 月蓋ㅣ 蒙敎ソ土ト 通達妙道ソ 3 (『楞嚴經(일사본)』1:4ㄱ)

마. 以初學又 對佛ソ土ト (『法華經(보물1153)』:16ㄴ)

바. 供養恭敬ソ土午久 尊重讚歎ソ 3 到已口 (『法華經(소곡본02)』3:28ㄴ)

사. 初聞佛法ソ土古 遇便信受ソ土ト (『法華經(소곡본03)』2:2ㄴ)

아. 我ヽ 昔從佛ソ土ト 聞如是法ソ土ㅁㅁ (『法華經(보물 1306)』2:1ㄴ)

자. 承此念力ソ土ト 欲守護三寶ソ 3 (『慈悲道場懺法(보물 1193)』1:1ㄱ)

차. 奉敎歡喜ソ土ト 及諸大衆ㅊ 默然而聽ソニカヒ(『圓覺經(보물 1016)』3:14ㄱ)

위와 같은 문헌에서 'ソ土ト'가 확인되고 이는 15세기 문헌의 'ㅎᅀᆞ와(ㅎ- + -ᅀᆞ오- + -아)'와 대응된다. 이처럼 선어말어미 '-습-'이

---

22) 류렬(1992: 20-21)은 '古溫'을 '고ᄫᆫ'으로 해석하였다. 그러나 정우영(2007b:270)은 '溫'의 한자음이 '온'이므로 '古溫'을 '고ᄫᆫ'으로 해석할 수 없다고 지적하였다.

23) 구체적인 설명은 정우영(2007b: 269-270) 참조

이미 '-수오-'로 변한 것을 알 수 있고 당시에 'ㅂ>w'의 음변화가 이미 일어났다. 그래서 위의 문헌들이 어느 시기의 것인지, 구결의 기입 시기가 언제인지는 아주 중요한 문제가 된다. 문헌별로 살펴보겠다.

남권희 '가'본 『능엄경(楞嚴經)』은 목판본으로 12세기 말에서 13세기 초에 간행된 것으로 추정된다. 이 책의 구결들은 같은 시기에 기입한 것이 아니다.[24] 특히 (19가)에서 제시한 예는 고려시대에 기입된 것이 아니라 후대에 기입되었다.[25]

보물 제1248호 『능엄경』은 조선 성종 19년(1488)에 충청도 홍산 무량사(無量寺)에서 홍산현감 등의 시주로 박경(朴耕)이 글을 써서 간행한 것이다.[26] 기림사본 『능엄경』은 1988년 보물 제959호로 지정되고 1996년에 한국정신문화연구원에 의해 영인되었다. 그리고 이는 조선 태종 1년(1401)에 간행되었다.[27] 따라서 (19나)와 (19다)는 모두 15세기 이후의 예에 해당된다.

일사본 『능엄경』은 1235년 해인사에서 조조(彫造)한 책판에서 인출된 책이다. 그러나 구체적인 인출 시기는 정확히 알 수 없다.[28] 일사본 『능엄경』의 구결은 송성문본 『능엄경』과 비슷한 시기의 언어 사실을 반영하고 있다. 예를 들어 '리'가 'ㅣ'로, '어'가 'ㅓ'로 표기되고 '라'가 거의 'ㆍ'로 표기되며 '듯'는 'ㅊ', 'ㅅ', 'ㅆ'로 표기되었다.

---

24) 남권희 '가'본 『楞嚴經』에 대한 구체적인 서지 사항은 남경란(2001: 12-14) 참조.
25) 남경란(2001: 36, 86-87) 참조.
26) 구체적인 서지 사항은 문화재청 국가문화유산 포털 사이트(http://www.heritage.go.kr/) 참조.
27) 구체적인 서지 사항은 이승재(2003:168) 참조.
28) 구체적인 서지 사항은 박진호(1996: 76-77) 참조.

이는 대체로 15세기 초의 경향과 일치한다.[29] 따라서 일사본『능엄경』의 구결 기입 시기는 15세기 초로 해석된다.

전주 팬아시아 종이박물관에 소장된『법화경(法華經)』은 현재 보물 1153호로 지정되어 있다. 권수제(卷首題)는 '묘법연화경(妙法蓮華經)'이며 간행연대는 세조-성종 연간(1455~1494)으로 추정한다.[30] 그리고 소곡본02『법화경』, 소곡본03『법화경』은 모두 15세기 자료이다.[31] 따라서 (19마), (19바), (19사)에서 제시된 예도 역시 15세기 이후의 예가 된다.

보물 제1306호『법화경』은 성달생(成達生), 성개(成槪) 형제가 부모의 명복을 기원할 목적으로 태종 5년(1405) 전라도 안심사(安心寺)에서 도인 신문(信文)의 주관으로 간행한 불경이다. 전체에 걸쳐 구결(口訣)이 표기되어 있으며, 두주(頭註) 형태와 한글 현토(懸吐) 등 조선 초기의 한국어 사용 현황을 보여주는 자료이다.[32] 이에 따라 (19아)의 구결은 15세기 이후에 기입되었을 것이다.

보물 제1193호『자비도장참법(慈悲道場懺法)』은 조선 성종 때 개판한 목판으로 후인한 것이다. 권제10의 말미에는 1474년(성화 10) 8월 김수온의 발문에 이어 주상전하, 인수왕비 한씨 등의 시주자 명단이 있다. 이어 성종 19년(1488)에 후인하면서 덧붙인 을해자로 된 인출기가 있다.[33] 따라서 (19자)의 구결은 15세기 이후에 기입된 것으로 생각

---

29) 구체적인 내용은 박진호(1996: 90~91) 참조
30) 구체적인 서지 사항은 김지오(2006:22) 참조.
31) 구체적인 서지 사항은 김지오(2006: 26~37, 48) 참조
32) 구체적인 서지 사항은 문화재청 국가문화유산 포털 사이트(http://www.heritage.go.kr/) 참조
33) 구체적인 서지 사항은 문화재청 국가문화유산 포털 사이트(http://www.heritage.go.kr/)

한다.

　마지막으로 보물 제1016호 『원각경(圓覺經)』에 대해 설명하겠다. 이 자료는 고려시대 여러 스님들이 저술한 문헌들을 총망라하여 간행한 속장경 계열의 목판과 같은 형식을 지니고 있으며, 판을 새긴 기법이나 글자체가 『대방광불화엄경소』(보물 제891호)와 비슷하다. 이 자료의 인출 시기에 대해 문화재청은 고려말기로 보고 있다.[34] 이 자료의 구결은 14세기보다 15세기에 기입되었을 가능성이 크다. 예를 들어 '듯'은 고려시기의 자료에 'ㅕㄴ'으로 표기되지만 15세기 자료에는 '月ㄴ'으로 변했다. 이 자료에는 'ㅕㄴ'이 확인되지 않고 '月ㄴ'이 여러 차례 확인된다.[35] 그리고 주로 15세기 후기 문헌에 쓰인 '夊(녀)', '田(뎬)', '了(료)'는[36] 이 자료에도 확인된다.[37] 따라서 (19차)도 15세기 이후의 예문이 된다.

　이상으로 구결 자료를 통해 'ㅂ>w'의 음변화에 대해 살펴보았다. 음독 구결 자료에는 'ㅂ>w'의 음변화와 관련된 예들이 확인되지만 시기적으로 볼 때 모두 15세기 이후에 기입된 예들이었다.

　다시 (18)을 보겠다. '古溫貌'의 '古溫'을 모두 음차자로 보고 '고온 모습'으로 해석할 가능성이 있다. 하지만 같은 시기의 다른 문헌에

참조

34) 구체적인 서지 사항은 문화재청 국가문화유산 포털 사이트(http://www.heritage.go.kr/) 참조

35) 가. 卽便爛壞月ㄴㆍ刂ㅅ(『圓覺經(보물 1016)』2:10ㄱ)
　　나. 波滅ㆍㆍ 水存月ㄴㆍ3(『圓覺經(보물 1016)』2:5ㄱ)
　　다. 火還滅月ㄴㆍㄴ(『圓覺經(보물 1016)』2:7ㄱ)

36) 구체적인 설명은 이전경(2002: 164-166) 참조

37) 가. 行如窮子ㆍ夊 解似電光ㆍㄴ(『圓覺經(보물 1016)』2:2ㄴ)
　　나. 若約華嚴ㆍㄴ田 則初二ㆍ 異此ㆍㄴ(『圓覺經(보물 1016)』2:17ㄱ)
　　다. 今者妄身ㆍ 當在何處才了(『圓覺經(보물 1016)』2:10ㄴ)

'ㅂ>w'의 음변화와 관련된 용례가 확인되지 않는 점, '고온'이 '古
溫'으로 표기된 것이 일반적이지 않은 점을 고려할 때 이러한 가능
성이 높지 않다.

이상으로 전기 중세 한국어에서 'ㅸ'의 흔적을 살펴보았다. 이 시
기에는 'ㅸ'이 없다는 결론을 내리고자 한다.

3.1.3. 'ㅸ'의 기원

앞서 문헌을 통해 고대 한국어, 전기 중세 한국어에 'ㅸ'이 있었는
지를 살펴보았다. 고대 한국 고유어, 전기 중세 한국어에서는 'ㅸ'의
흔적을 모두 찾지 못하였다는 결론을 얻었다.

그런데 'ㅸ'이 나타나는 자리에 'ㅂ'이 나타난 것을 확인하였다.
후기 중세 한국어에 '셔볼'이 있는데 이는 '소부리(所夫里)'로부터 유
래했다는 주장과 '서벌(徐伐)'로부터 변해 왔다는 견해가 있다. '夫'와
'伐'은 모두 경순음 한자이지만 다른 기록을 통해 이들이 모두 순음
인 [ㅂ]로 발음되었다는 사실을 알 수 있다. 한편, 후기 중세 한국어
에서는 '곱-[麗]'이 모음 어미와 결합하면 'ㅂ' 대신 'ㅸ'으로 표기된
다. 고대 한국어에도 이에 대응될 만한 자료가 확인되었다. '古巴里'
와 '古寶里'의 '古巴', '古寶'는 '곱-[麗]'의 뜻이고 '巴'와 '寶'의 초성
은 순음인 것이 분명하다. 이러한 예들을 통해 'ㅸ'의 기원은 'ㅂ'과
관련된 것으로 추정한다.

그리고 3.1.2에서 설명했듯이 『계림유사』의 '酥孛', '雌孛' 등 '孛'
을 가진 어휘는 'ㅸ'을 가진 형태로 해석하는 것보다 'ㅂ'을 가진 형

태로 해석하는 것이 더 좋다. 그리고 『조선관역어』에 있는 '得本', '都卜二', '餕必', '洒必', '耶必大', '戛噴得' 등은 'ㅸ'을 가진 단어보다 'ㅂ'을 가진 단어로 해석하는 것이 더 좋다. 따라서 'ㅸ'의 기원은 'ㅂ'과 관련이 있다.

한편, 고대 한국어 문헌, 전기 중세 한국어 문헌을 살피면서 일부 'ㅇ'으로 된 단어가 예전에 'ㅇ'의 자리에 'ㅂ'이 있었다는 사실을 확인하였다. 그런데 후기 중세 문헌에는 이러한 단어들의 'ㅸ' 형태가 확인되지 않았다. 1461년 간행한 문헌부터 'ㅸ'은 많이 나타나지 않은 대신에 [w]형태 혹은 탈락 형태가 확인된다. 따라서 'ㅸ'은 'ㅂ>w' 혹은 'ㅂ>∅'의 음변화의 한 단계로 생각한다. 그러나 이 결론을 도출하려면 다음과 같은 두 가지 문제를 해결해야 한다.

하나는 같은 음운 환경에 있는 'ㅂ'이 'ㅂ>w' 혹은 'ㅂ>∅'의 음변화를 겪은 경우와 겪지 않은 경우가 있기 때문에 이러한 음변화에 대해 구체적으로 설명해야 한다. 이 책은 이러한 음변화를 수의적 음변화로 해석하고 구체적인 논의는 4.1에서 하겠다.

또 하나는 'ㅂ>w' 혹은 'ㅂ>∅'의 음변화를 겪은 단어들 중에 일부 단어의 'ㅸ 형태'가 확인되지 않은 원인에 대한 설명이 필요하다. 이 문제는 'ㅸ'의 본질과 관련된다. 이 책은 'ㅸ'의 사용을 세종과 집현전 학자들의 표기 의식과 관련이 있는 것으로 보고 구체적인 설명은 6장에서 하겠다.

3.2. 방언 자료로 본 'ㅸ'의 기원

본절에서는 방언 자료를 통해 'ㅸ'의 기원에 대해 살펴보도록 하겠다. 'ㅸ'의 출현은 주로 두 가지가 있는데 하나는 어중 초성의 경우이고 다른 하나는 용언 활용할 때 나타나는 경우이다.

우선 어중 초성의 경우를 살펴보자.

〈표 4〉 어중 초성에 있는 'ㅸ'의 방언형38)

중세형(현대역)	'ㅂ 반사형' 존재 여부(형태)	'ㅇ 반사형' 존재 여부(형태)
가ᄫᆞᆫ디(가운데)	○(가분데, 가분대, 가븐데)	○(가안데, 가온대, 가온데)
사ᄫᅵ(새우)	○(새비, 세비)	○(새우, 쎄우)
드ᄫᅬ(뒤웅박)	○(드붕, 두부렁이)	○(두융, 뒤융)
셔ᄫᅩᆯ(서울)	×	○(서울, 서울)
더ᄫᅱ(더위)	○(더부, 더비, 드부)	○(더우, 더우이, 드우)
치ᄫᅱ(추위)	○(추부, 추비, 춥비)	○(추에, 취, 추위)
스ᄀᆞᄫᆞᆯ(시골)	×	○(시골, 싀골)
눈두ᄫᅦ(눈두덩)	○(눈더버리, 눈두버리, 눈두베)	○(눈두이, 눈데이)
ᄀᆞᄅᄫᅵ(가랑비)	○(가랑비, 고랑비)	×
지ᄫᅧᆨ(조약돌)	×	○(자약, 조약)
말ᄫᅡᆷ(마름)	○(말밤, 말바미)	○(모름, 말름)
글ᄫᅡᆯ(글월)	○(글발)	○(글월)
것바ᅀᅵ(거지)	○(거러배이, 걸배)	○(거어지, 거지)
대ᄫᅡᆮ(대밭)	○(대발, 데밧)	○(대왓)
비ᄫᅡᆮ다(밸다)	○(배밧다, 배밭다, 비밭다)	○(밧다, 배알다, 배알다)
엿ᄫᅩ다(엿보다)	○(엿보다, 얏보다)	○(여수다, 엿다)
ᄒᆞᄫᆞᅀᅡ(혼자)	○(호본자, 하분자)	○(혼자, 혼제)

---

38) 〈표 4〉에 있는 데이터는 '한민족 언어 정보화' 검색 프로그램에 의해 조사된 것이다. 해당 반사형이 존재하면 '○'로 표기하고 존재하지 않으면 '×'로 표기한다.

　<표 4>에서 제시한 것처럼 대부분 'ㅸ'을 가진 단어는 'ㅂ 반사형'과 'ㅇ 반사형'이 존재한다. 따라서 'ㅸ'과 'ㅂ'은 긴밀한 관계를 가지고 있을 것이다. 'ㅂ 반사형' 혹은 'ㅇ 반사형'이 확인되지 못한 단어들을 살펴보자.

　3.1.1에서 언급했듯이 '서블'은 고대 한국어의 '소부리(所夫里)' 혹은 '서벌(徐伐)'과 대응되므로 'ㅸ'이 'ㅂ'으로부터 변해온 것이 분명하다. '스ᄀᆞᆶ'의 'ᄀᆞᆶ'에 대해 'ᄀᆞ + 블[夫里]', 'ᄀᆞᆸ[中] + -올(관형사 어미)', 'ᄀᆞ[大] + 블[邑]', 'ᄀᆞᆸ[中] + 올(접미사)' 등 여러 견해가 있는데 모든 주장은 'ㅸ'을 합성에 의해 생긴 것으로 보고 있다.[39] '지벽'은 '지 + 벽'으로 분석되므로[40] 여기의 'ㅸ'은 'ㅂ'으로부터 변해온 것이다. 그리고 'ᄀᆞᄅᆞ비'의 의미와 비슷한 '이슬비'가 있는데 충남 방언에는 '이스랑비', '이스랑이'가 모두 확인된다.

　그밖에 '대범', '풍류바지', '필힉', '메밧다', '숫두버리다', '이블다', '돌봇다', 'ᄂᆞ올봈다', '눗두베' 등 단어가 있는데 자료 부족으로 인해 이들의 방언 형태는 조사하기 어렵다. 그런데 이들을 분석해 보면 'ㅸ'은 형태소와 형태소가 결합하는 과정에서 생긴 것이고 'ㅂ'으로 소급할 수 있다.

　계속해서 'ㅂ 불규칙' 용언의 방언형을 살펴보자.

---

39) 구체적인 설명은 이동석(2010: 235-236) 참조
40) 구체적인 논의는 이동석(2010: 241-243) 참조

〈표 5〉 'ㅂ 불규칙' 용언의 방언형41)

옛형태(현대역)	'ㅂ 활용형' 존재 여부(형태)	'Ø 활용형' 존재 여부(형태)
갓갑다(가깝다)	○(가가버서, 가까바니)	○(가까서, 가까아서)
곱다(곱다[麗])	○(고바, 고버니)	○(고아, 고와)
굽다(굽다[炙])	○(구버, 구분)	○(고서, 구어서)
깁다(깁다)	○(지버, 지버서)	○(지어, 기어)
눕다(눕다)	○(누버서, 누부니, 누브스)	○(누서, 누어, 누운다)
더럽다(더럽다)	○(더러버, 디러바서)	○(더러워, 드러워서)
덥다(덥다)	○(더바, 더바서)	○(더와, 더와서)
돕다(돕다)	○(돕아주다)	○(도아, 도와서)
두립다(두렵다)	○(두러버서, 두려버서)	○(두려워, 두러워서)
둑겁다(두껍다)	○(뚜거버서, 두꺼바야)	○(두꺼우면, 뚜꺼운)
므겁다(무겁다)	○(무거버, 무거뷔)	○(무거어서, 무거워서)
무셥다(무섭다)	○(무스분, 무서바)	○(무서운, 무스운)
믭다(밉다)	○(미버, 미바서, 미버니배)	○(미아서, 미워서)
밉다(맵다)	○(매바, 매버서)	○(매와서, 매운)
부드럽다(부드럽다)	○(보드라바서)	○(보드라와서)
붓그럽다(부끄럽다)	○(부꺼러바서, 부꺼러버사)	○(부꺼러와서, 부꾸러서)
사오납다(사납다)	○(사나바서, 사나분)	○(사나운, 사나와서)
새롭다(새롭다)	○(새로바, 새로버서)	○(새로우니, 새로워)
쉽다(쉽다)	○(쉬버니, 쉬버서)	○(수와서, 수워서)
아닛곱다(아니꼽다)	○(아니꼬바서, 아니꼬버서)	○(아니꼬와, 아니꼬와서)
아롭답다(아름답다)	○(아럼다버서, 아름다버서)	○(아름다와서, 아름다우니)

---

41) 〈표 5〉에 있는 데이터는 '한민족 언어 정보화' 검색 프로그램에 의해 조사된 것이다. 해당 반사형이 존재하면 '○'로 표기하고 존재하지 않으면 '×'로 표기한다.

아쉽다(아쉽다)	○(아수버서, 아쉬버서)	○(아수와서, 아쉬와서)
앗갑다(아깝다)	○(아까바서, 아까버니)	○(아까와서, 아까서)
어둡다(어둡다)	○(어더바서, 어더바니)	○(어더서, 어두어서)
어렵다(어렵다)	○(애러버서, 애루버서)	○(애러니, 애러우니)
어즈럽다(어지럽다)	○(어지러바서, 어지러버니)	○(어지러워, 어지러워서)
외롭다(외롭다)	○(애로바서, 애로버니)	○(애로라서, 외로와)
욹다(우습다)	○(우서버니, 우수바서)	○(우수와서, 우스우니)
즐겁다(즐겁다)	○(절거버니, 절거붜서)	○(절거우니, 줄거우니)
칩다(춥다)	○(추부메는, 추부모)	○(추면, 추우모)
섧다(섧다)	○(서러버서, 서러바서)	○(서러워서, 서러서)
얇다(얇다)	○(얄분, 얄븐)	○(얄룬, 얄따)
엷다(엷다)	○(얄븐, 얄분)	○(얄룬, 얄따)
애둛다(애닯다)	○(애달푸다, 애답따)	○(애달따, 애달타)

<표 5>에서 제시한 것처럼 현대 한국 표준어에서의 'ㅂ' 불규칙 용언은 방언에서 규칙적인 활용과 불규칙적인 활용이 모두 확인된다.[42] 'ㅂ' 불규칙 용언의 'ㅂ'은 후기 중세 문헌에 'ㅸ'으로 표기되므로 'ㅸ'은 'ㅂ'과 긴밀한 관계를 가지고 있을 것이다.

'ㅸ'의 'ㅂ 반사형'에 대해 살펴보겠다. 후기 중세 문헌에 'ㅸ 형태'가 존재하고 'ㅸ'의 'ㅂ 반사형'에 대해 'ㅸ>ㅂ'을 겪은 것으로 볼 수 있다. 다만 고대 한국 고유어에서 'ㅸ'의 흔적을 확인할 수 없

---

42) 이밖에 '고맙다', '놀랍다', '두텁다', '수고롭다'를 비롯한 'ㅂ' 불규칙 용언이 있는데 방언 자료의 빈약 때문에 완만한 조사를 이루지 못했다. 그리고 '아쳗대(厭)'를 비롯한 사어(死語)의 방언형도 조사하기 어렵다.

기 때문에 'ㅸ'이 원래부터 존재한 것이 아니다. 따라서 'ㅸ'의 'ㅂ 반사형'에 대해 'ㅸ>ㅂ'을 겪은 것으로 해석하게 되면 해당 단어의 통시적인 변화를 'ㅂ>ㅸ>ㅂ'으로 해석해야 한다. 한편으로 방언에 있는 'ㅂ 반사형'에 대해 아무 변화를 겪지 않고 원래부터 존재한 것으로도 해석할 수 있다. 이러한 논리를 다시 정리하여 그림으로 제시하면 다음과 같다.

〈그림 1〉 'ㅸ'의 'ㅂ 반사형'에 대한 해석(수정전)

　〈그림 1〉에서 제시한 것처럼 'ㅸ'과 대응된 'ㅂ 반사형'인 'ㅂ₁'과 'ㅂ₂'는 논리적으로 모두 가능하다.[43] 만약 'ㅸ'의 'ㅂ 반사형'에 대해 'ㅸ>ㅂ₂'의 변화로 겪은 형태로 해석하면 이러한 변화에 대해 두 가지 방법으로 해석해 볼 수 있다. 하나는 청자에 의한 변화로 해석하는 것이고 하나는 음성적으로 'ㅸ'을 다시 'ㅂ'으로 되돌린 것이다. 'ㅸ'이 음소 /β/일 경우에만 'ㅸ>ㅂ₂'의 변화를 청자에 의한 변화로 해석할 수 있다.[44] 그러나 'ㅸ'이 음소 /β/임을 증명할 수 있는 증거를 찾기 어렵다.[45] 따라서 'ㅸ>ㅂ₂'의 변화를 청자에 의한 변화로 해석하기 어렵다. 한편

---

43) 'ㅂ₁'은 'ㅂ>ㅸ'의 변화를 겪지 않고 그대로 유지해온 'ㅂ 형태'를 가리키고 'ㅂ₂'는 'ㅸ>ㅂ'의 변화를 겪은 'ㅂ 형태'를 가리킨다.
44) 청자에 의한 변화로 해석하려면 'ㅸ'과 'ㅂ'은 모두 인식이 가능한 소리이자 같은 음운 환경에 음성적 유사성이 있어야 한다.
45) 'ㅸ'의 음운론 지위, 음가에 대한 구체적인 설명은 각각 4장, 5장에서 하겠다.

'ㅸ'은 유성음인데 후기 중세 문헌에서 유성음 사이에만 출현한다. 'ㅸ>ㅂ₂'의 변화는 유성음의 무성음화인데 과연 유성 환경에서 유성음 이 무성음으로 변할 수 있는지 의문시된다. 더군다나 'ㅸ'의 음가를 마 찰음으로 간주해 왔는데 유성 환경에서 마찰음이 폐쇄음으로 변하는 것도 흔하지 않다. 모음과 모음 사이에 주로 약화 현상이 일어나지만 유성음이 무성음이 되는 것은 일종의 강화 현상이다. 유성 환경에서 [β]를 [p]로 발음하기 어렵기 때문에 'ㅸ>ㅂ₂'의 변화가 일어날 수 없 다. 따라서 'ㅸ'의 'ㅂ 반사형'은 아무 변화를 겪지 않고 원래부터 'ㅂ 형태'이었다고 보아야 합리적인 설명이 가능해진다. 이러한 사실 을 바탕으로 <그림 1>을 수정하여 다시 제시하면 다음과 같다.

〈그림 2〉 'ㅸ'의 'ㅂ 반사형'에 대한 해석(수정후)

다시 <표 4>, <표 5>를 보겠다. 'ㅸ'의 'ㅂ 반사형'은 바로 'ㅂ₁' 이고 'ㅸ'의 'Ø 반사형'은 'ㅂ>Ø'의 변화를 겪은 형태로 볼 수 있다. 따라서 통시적으로 볼 때 고유어에 있는 'ㅸ'은 'ㅂ'이 변화를 겪은 것이고 이는 'ㅂ>Ø'의 변화에서의 한 단계로 볼 수 있다. 'ㅸ'과 비슷 한 성격을 지니고 있는 'ㅿ', 'ㅇ'도 이를 뒷받침한다.46)

---

46) 'ㅿ', 'ㅇ'에 대한 설명은 4.2를 참조

3.3. 정리

본장에서는 문헌 자료와 방언 자료를 통해 'ㅸ'의 기원에 대해 살펴보았다.

우선 문헌을 통해 고대 한국어, 전기 중세 한국어에서 'ㅸ'의 흔적을 고찰해 보았고 이를 토대로 'ㅸ'의 기원에 대해 규명하였다.

고대 한국어 문헌에서 'ㅸ'의 흔적이 발견되기 어렵기 때문에 고대 한국어에는 'ㅸ'이 없다는 결론을 얻었다. 그리고 『계림유사』와 『조선관역어』를 비롯한 대역 문헌, 이두 문헌과 구결 문헌을 통해 훈민정음 이전의 한국어를 살펴보았고 이 시기에도 'ㅸ'이 역시 존재하지 않았다고 생각한다.

훈민정음 이전의 문헌을 살피면서 'ㅸ'이 나타나는 자리에 'ㅂ'이 나타난 사실을 확인하였다. 뿐만 아니라 훈민정음 이후의 일부 'ㅇ'으로 된 단어가 훈민정음 전에 'ㅇ'의 자리에 'ㅂ'이 있었다는 사실도 확인하였다. 이러한 사실을 통해 'ㅸ'이 'ㅂ'과 긴밀한 관계를 가지고 있고 'ㅂ>w' 혹은 'ㅂ>Ø'의 음변화의 한 단계로 해석하였다.

그 다음 방언 자료를 통해 'ㅸ'에 대해 살펴보았다. 현대 방언에 있는 'ㅸ'의 'ㅂ 반사형'은 아무 변화를 겪지 않고 원래부터 'ㅂ 형태'였던 것으로, 'ㅸ'의 'Ø 반사형'은 통시적으로 'ㅂ>Ø'의 변화를 겪은 형태인 것으로 해석된다. 따라서 훈민정음 초기 문헌에 있는 'ㅸ'은 'ㅂ'이 변화를 겪은 것이고 이는 'ㅂ>Ø'의 변화에 있어서의 한 단계를 반영하는 것으로 추정된다.

제 4 장

봉의 음운론 지위

제4장 붕의 음운론 지위

후기 중세 한국어에서의 '붕'의 음운론 지위와 관련된 선행 연구는 2.2에서 이미 살펴보았다. '붕'의 음운 자격에 대해 음소설과 비음소설로 요약할 수 있다. 일반적으로 '붕'을 음소 /β/로 해석해 왔지만 '붕'을 음소로 해석해도 되는지에 대해 회의적인 의견도 초창기부터 제기해 왔다. 그리고 선행 연구에서는 '붕'을 소개할 때 '붕'의 음운론 지위를 잠깐 언급하는 것이지 정밀한 고찰을 통해 '붕'의 음운 자격을 밝힌 경우가 많지 않다. 따라서 '붕'의 음운론 지위에 대해 정밀한 고찰을 할 필요가 있다.

본장에서는 우선 문헌 기록을 통해 '붕'의 음운 자격을 다시 살펴보고 언어 보편성, '유성 마찰음' 등 다른 측면을 통해 후기 중세 한국어에서 '붕'의 음운론 지위를 검토해 보고자 한다.

4.1. 문헌 기록으로 본 'ㅸ'의 음운론 지위

3장에서 분석한 것처럼 고대 한국어 문헌, 전기 중세 문헌에서 'ㅸ'의 흔적이 확인되지 않고 'ㅸ'은 'ㅂ>w' 혹은 'ㅂ>∅'의 변화의 한 단계이다. 본절에서는 이러한 결론을 바탕으로 문헌을 고찰하여 'ㅸ'의 음운론 지위를 살펴보겠다. 주로 'ㅸ'과 관련된 음변화, 최소 대립쌍, 분포 세 가지의 측면에서 살펴보겠다.

4.1.1. 음변화로 본 'ㅸ'의 음운론 지위

본항에서는 'ㅸ'과 관련된 음변화를 통해 'ㅸ'의 음운론 지위를 살펴보겠다.[47] 먼저 형태소 경계에 있는 'ㅸ'을 보겠다.

(20)

가. 無色界옛 늡ᄆ릐 **ᄀ르빈**ᄀ티 ᄂ리다 (『月印釋譜』1:36ㄴ)

나. 믈 우흿 **대버믈** 훈 소ᄅ로 티시며 (『龍飛御天歌』9:39ㄱ)

다. 北道애 보내어시ᄂᆞᆯ **글발**로 말이ᅀᆞᄫᆞᆫ들 (『龍飛御天歌』4:24ㄴ)

(21)

가. **소밥**ᄋᆞᆯ 아니 먹더니 (『內訓』1:59ㄱ)

나. **새벼리** 나지 도ᄃᆞ니 (『龍飛御天歌』10:20ㄱ)

다. 千里ㅅ ᄯᅡ히 **믈바래** 當훌 고ᄃᆞᆯ 안자셔 보리로다 (『杜詩諺解』16:42ㄱ)

---

47) 김한별(2012: 44-50)에서는 'ㅂ→ㅸ'의 규칙이 성조, 음절수와 무관하다고 밝혔다. 본고는 성조, 음절수를 따로 고찰하지 않겠다.

'ㄱ른비'는 'ㄱ른'와 '비'로, '대범'은 '대'와 '범'으로, '글발'은 '글'과 '발'로 분석된다. (20)을 통해 모음과 모음 사이, 활음 [j]와 모음 사이, 유음 'ㄹ'과 모음 사이에 있는 'ㅂ'이 'ㅸ'으로 실현되었음을 알 수 있다. 그리고 15세기 문헌에서 (21)과 같은 예도 확인된다. '소밥'은 '소'와 '밥'으로, '새별'은 '새'와 '별'로, '믈발'은 '믈'과 '발'로 분석된다. 그러나 이러한 단어들을 보면 모음과 모음 사이, 활음 [j]와 모음 사이, 유음 'ㄹ'과 모음 사이에 있는 'ㅂ'이 'ㅸ'으로 실현되지 않고 그대로 실현되었음을 알 수 있다. (20)과 (21)을 통해 비슷한 음운환경에 있는 'ㅂ'이 'ㅸ'으로 실현되는 경우, 그대로 유지되는 경우가 모두 확인된다. 따라서 'ㅂ→ㅸ'의 음변화는 필수적 음변화보다 수의적 음변화[48]라고 생각한다.[49]

문헌에서는 형태소 내부에 있는 'ㅸ'의 용례가 많지 않아 직접적으로 고찰하기 어렵다. 후기 중세 한국어에서는 'ㅸ'이 경우에 따라 활음 [w]로 변하거나 탈락하는 예들이 쉽게 확인된다. 'ㅸ'이 'ㅂ'으로부터 변해온 것까지 고려하면 'ㅸ'과 관련된 음변화는 'ㅂ→ㅸ→w' 혹은 'ㅂ→ㅸ→∅'로 해석된다.[50] 만약 후기 중세 문헌에서 'ㅂ'이 [w]형태(혹은 탈락 형태)와 유지형태가 모두 확인되면 간접적으로 'ㅂ→ㅸ'의 규칙이 수의적 규칙이었음을 증명할 수 있다. 문헌에서는 다음

---

48) 수의적 음변화는 동일한 형태에 음운 규칙이 적용되기도 하고 적용되지 않기도 하는 것을 가리킨다.

49) 'ㅂ 형태'와 'ㅸ 형태'가 각각 다른 방언형이었던 것으로 보는 견해도 있다. 다시 말하자면 'ㅸ 형태'는 중앙 방언이고 'ㅂ 형태'는 남부 방언이었다. 그러나 중앙에서 간행된 문헌에 있는 형태가 중앙어가 아닌 다른 방언형인 것을 주장하려면 명확한 증거가 필요하다. 그리고 남부 방언형이 언제 중앙 방언에 어떻게 침투하였는지를 밝혀야 한다.

50) 'ㅸ'의 음변화에 대해 5.1.1에서 구체적으로 논의하겠다.

과 같은 예들이 확인된다.

(22)

가. 竊盜는 **일버슬**씨라(『法華經諺解』:167ㄴ)

나. 竊 **일위슬** 졀 (『訓蒙字會』下:11ㄱ)

다. 츠마 能히 ㄴ출 對ㅎ야셔 **일벗**ㄴ다 (『杜詩諺解(重刊本)6:42ㄱ』)

　

　

'일벗-[竊]'은 15세기 문헌에서 '일벗-' 형태가 확인되고 16세기 문헌에서 '일윗-' 형태가 확인된다. (22가)에서 'ㅂ'이 아무 음변화를 겪지 않고 그대로 실현된다. 이러한 형태는 근대 문헌에서도 확인된다(22다). 이와 반대로 (22나)에서는 'ㅂ'이 [w]로 실현된다. 같은 단어에서 'ㅂ'의 유지형태와 [w]형태가 모두 확인되므로 'ㅂ→ㅸ→w'의 음변화는 수의적인 음변화로 생각한다.

한편, 재구를 통해 어중 'ㅂ'이 원래 있었다는 단어들도 존재한다. 이들을 표로 정리하면 다음과 같다.

〈표 6〉 어중 'ㅂ'이 음변화를 겪은 단어[51]

의미	재구형	중세형	의미	재구형	중세형
袴	*ᄀ비	ᄀ외	啞	*버브-	버우-
麩	*기블	기울	喙	*브브리	부우리
鬢	*거븟	거웇	酒	*수블	수을
賈	*고블	골	邊	*시블	시울
仄	*기블-	그울-	幷	*아블-	아울-
霞	*ㄴ블	ㄴ올	葵	*아복	아옥
復	*ㄴ비-	ㄴ외-	瘦	*여븨-	여위-
蠶	*누베	누에	全	*오븐	온
妹	*누븨	누의	刮	*우븨	우의-

享	*누브리-	누리-	蒡	*우병	우웡
醿	*드비-	드위	隣	*이붗	이웆
髳	*돌비	돌외	睡	*ᄌ블-	ᄌ올-
二	*두븗	두읈	秤	*저블	저울
臼	*ᄒ박	ᄒ와	侵	*굴비	굴외
杜鵑花	*진둘비	진둘외			

　<표 6>에서 제시한 재구형은 중세형을 기준으로 방언자료와 고대 한국어 문헌, 전기 중세 한국어 문헌을 통해 재구하였다. 어중 'ㅂ'의 음운환경은 주로 모음과 모음 사이, 'ㄹ'과 모음 사이로 요약된다. 그러나 이러한 음운환경에 있는 'ㅂ'이 음변화를 겪지 않은 단어도 확인된다.

(23)
가줄비-[喩], 가볼오-[簸], 거붑[龜], 고봄[瘧], 구블[腿], 나비[蝶], 나볋[片], 나봇기-[飄], 누비[縫], 니블[衾], 다봊[蓬], 더블-[與], 비븨-[捻], 사복[鉸], 새박[苽], 아비[父], 저봄[撮], 져비[燕], 조방이[薊], 주블ᄒ-[稟], 주비[類], 쥬복[鮑]

　문헌에서 (23)과 같은 단어들이 확인된다. 모음과 모음 사이, 'ㄹ'과 모음 사이에 있는 'ㅂ'은 다른 음으로 변하지 않고 그대로 유지된다. <표 6>과 (23)을 통해 'ㅂ→ㅸ→w' 혹은 'ㅂ→ㅸ→Ø'가 수의적인 음변화임을 알 수 있다.
　이상으로 'ㅸ'과 관련된 음변화를 살펴보았다. 'ㅂ'은 형태소와 형태소가 결합하는 과정에서 수의적으로 'ㅸ'이 되고 형태소 내부에서

---

51) 이 표는 김한별(2012: 32-33)을 참고하여 작성한 것이다.

도 이러한 약화현상이 일어난다. 'ㅂ→ㅸ→w' 혹은 'ㅂ→ㅸ→Ø'은
수의적인 음변화이고 'ㅸ'이 'ㅂ'에 소급한다는 점까지 고려하면 'ㅸ'
이 음소가 아니었다는 결론을 도출할 수 있다. 현대 한국어에 이와
비슷한 사례가 있다. 예를 들어 현대 한국어 모음 사이에 있는 'ㅂ'
은 수의적으로 [β]로 실현되지만 이러한 [β]는 음소로 해석할 수 없
다. 왜냐하면 [β]는 'ㅂ'이 수의적인 마찰음화에 의해 생긴 것이고 [β]
와 'ㅂ'은 변별적 대립을 이루지 못하기 때문이다.

4.1.2. 최소대립쌍으로 본 'ㅸ'의 음운론 지위

본항에서는 최소대립쌍을 이용해서 'ㅸ'의 음운론 지위를 살펴보
겠다. 조세용(1990:10), 김한별(2012:96-98)은 '고ᄫᆞᆫ[麗] : 고ᄇᆞᆯ씨라[曲]',
'구버[屈] : 구ᄫᅥ[炙]'와 같이 'ㅂ'과 'ㅸ'이 동일한 음성적 환경에서
의미 분화를 보이고 있기 때문에 최소대립쌍이 성립하는 것으로 보
았다. 그리고 문헌에서 확인된 유일한 예를 제시하면 다음과 같다.

    (24)
    가. 나못가지 **구버** 와 횟 光ᄋᆞᆯ ᄀᆞ리더라 (『釋譜詳節』3:15ㄴ』)
    나. 봇ᄀᆞ며 **구ᄫᅥ** 졋ᄎᆞᆺ 먹더니 (『月印釋譜』21:54ㄱ)

'구버[屈] : 구ᄫᅥ[炙]'는 'ㅂ'과 'ㅸ'이 동일한 음성적 환경에서 의미
분화를 보인다. 그러나 단어들의 기저형을 통해 최소대립쌍을 고찰
하는 것이 일반적이다. 이동석(2013:96)에서는 '구버[屈]'와 '구ᄫᅥ[炙]'가
활용형이기 때문에 이러한 환경에서만 의미가 변별된다면 진정한 최

소대립쌍이라 하기가 어렵다고 지적하였다. 그리고 이 두 단어는 자음으로 시작하는 어미와 결합하면 모두 '굽-'이 되기 때문에 이러한 활용형에서의 의미 변별을 최소대립쌍으로 인정하기 어렵다고 덧붙였다. 더군다나 이러한 최소대립쌍은 형태소와 형태소가 결합하는 과정에서 생긴 것이고 형태소가 결합하는 환경에서는 음변화가 일어날 수도 있다. 따라서 '구버[屈] : 구버[炙]'를 비롯한 예는 진정한 최소대립쌍으로 해석하기 어렵다.

후기 중세 한국어에서는 'ㅸ'과 다른 분절음의 진정한 최소대립쌍이 확인되기 어렵기 때문에 'ㅸ'은 음소가 아니었을 가능성이 크다.

4.1.3. 분포로 본 'ㅸ'의 음운론 지위

본항에서는 분포를 통해 'ㅸ'의 음운론 지위를 살펴보겠다. 2.2.1에서 이미 소개했듯이 김석득(1964: 5-10), 박종철(1976: 224-226), 박창원(1996: 90-93), 최호섭(2000: 32-33), 장운혜(2008: 12-17)를 비롯한 학자들은 'ㅸ'과 'ㅂ'이 상보적 분포를 이루지 못한 것을 증거로 삼고 'ㅸ'을 음소로 해석하였다. 그러나 'ㅸ'과 'ㅂ'이 상보적 분포를 이루지 못한 것은 'ㅸ'이 음소이었다는 증거가 될 수 있는지 의심한다.

두 음성의 분포 유형은 대개 상보적 분포, 등적분포,52) 포괄적 분

---

52) [X]가 나타나는 환경 A에는 [Y]도 나타날 수 있고, [Y]가 나타나는 환경 B에는 [X]도 나타날 수 있다. 즉 환경 A와 B가 완전 일치하여 A가 [X]의 환경인 동시에 [Y]의 환경이기도 하고, B가 [Y]의 환경인 동시에 [X]의 환경이기도 한 것이다. 두 개의 환경 A, B는 완전히 동일한 하나인 것이니, 이와 같은 환경을 등적분포라고 한다. 구체적인 논의는 정연찬(1997:64) 참조

포,53) 중복분포54) 네 가지로 요약할 수 있다. 두 음성은 상보적 분포를 이루지 못하면 등적분포, 포괄적 분포, 중복분포를 이룰 수 있다. 특히 두 음성이 등적분포나 포괄적 분포를 이루고 있다면 이들을 모두 음소로 해석하기 어렵다. 따라서 'ㅂ'과 '봉'이 상보적 분포를 이루지 못한 것은 'ㅂ'과 '봉'이 모두 음소이었다는 증거가 될 수 없다.

자음을 C로 표기하고 모음을 V로 표기하면 후기 중세 한국어에서 1음절과 2음절 단어를 '$C_1V_1C_2$', '$C_1V_1C_3C_4V_2C_2$'로 분석할 수 있다.55) 구체적으로 말하자면 'C_1'은 어두 초성에 있는 자음이고 'C_2'는 어말 종성에 있는 자음이며 'C_3'은 어중 종성에 있는 자음이고 'C_4'는 어중 초성에 있는 자음이다. 후기 중세 한국어 음절에서 '봉'은 'C_1', 'C_2', 'C_3'에 나타날 수 없고 'C_4'에만 출현한다. 그리고 'C_3'이 없거나 'C_3'이 유성음일 전제 조건에만 '봉'이 'C_4'에 나타날 수 있다. 따라서 '봉'의 분포는 극히 한정되었다.

'봉'의 한정된 분포와 반대로 'ㅂ'은 'C_1', 'C_2', 'C_3', 'C_4'에 자유롭게 나타난다. 그리고 조건 없이 'C_4'에도 나타날 수 있다. 이러한 '봉'과 'ㅂ'의 분포를 표로 정리하면 다음과 같다.

53) [X]의 환경 A가 [Y]의 환경 B에 포함되어 있는 경우와 반대로 [X]의 환경 A′가 [Y]의 환경 B′를 포함하고 있는 경우가 있는데 [X]는 [Y]가 실현되는 모든 환경에서도 실현될 수 있으나, [Y]만 실현되고 [X]는 실현될 수 없는 환경이 있을 때, 즉 A, B의 경우와 또 그 반대일 때 즉 A′, B′의 경우가 각각 포괄적 분포를 이루는 것이다. 구체적인 논의는 정연찬(1997: 64-65) 참조.
54) A와 B의 일부가 중복될 때, 즉 그 중복된 환경에서는 [X]와 [Y]가 둘 다 나타날 수 있으나, 그 중복되지 않고 남은 환경에서는 [X]와 [Y]가 또 따로 나타날 경우를 중복분포라고 한다. 구체적인 논의는 정연찬(1997:65) 참조
55) 3음절 이상의 단어는 '$C_1V_1C_3C_4\cdots V_{(n-1)}C_3C_4V_nC_2$(n=음절수)'로 분석되고 음절 위치에 따라 자음의 종류가 4가지로 나뉜다.

〈표 7〉 후기 중세 한국어에서 'ᄫ'과 'ㅂ'의 분포56)

	C_1	C_2	C_3	C_4		
				C_3 없을 때	C_3 유성음일 때	C_3 무성음일 때
ᄫ	×	×	×	○	○	×
ㅂ	○	○	○	○	○	○

'ᄫ'과 'ㅂ'의 분포는 포괄적 분포에 해당된다. 포괄적 분포를 보이는 음성들은 한 음소에 속한다. 그리고 음절에 'ㅂ'이 'ᄫ'보다 더 많은 위치에 자유롭게 나타나는 것을 고려하면 'ᄫ'은 음소로 해석되기 어렵다.

4.2. '유성 마찰음'으로 본 'ᄫ'의 음운론 지위

후기 중세 한국어에서 'ᄫ'은 'ᅀ', 'ㅇ'과 유사하기 때문에 'ᄫ'의 음운론 지위를 정확하게 파악하려면 'ᅀ'과 'ㅇ'의 음운 자격을 동시에 논의해야 한다. 이기문(1972)을 비롯한 많은 학자는 후기 중세 한국어에서의 'ᄫ', 'ᅀ', 'ㅇ'을 모두 음소로 해석하였다. 선행 연구에서는 'ᄫ', 'ᅀ', 'ㅇ'의 음가를 유성 마찰음으로 재구하였고 'ᄫ', 'ᅀ', 'ㅇ'을 통틀어 '유성 마찰음' 계열로 부르기도 한다. 만약 '유성 마찰음' 계열이 존재했다면 'ᄫ'도 음소로 존재했을 가능성이 있는 반면에 '유성 마찰음' 계열이 없었다면 'ᄫ'도 음소로 존재했을 가능성이 희박하다고 생각한다. 본절에서는 'ᄫ'과 비슷한 성격을 지닌 'ᅀ', 'ㅇ'의 음운 자격을 살펴 '유성 마찰음' 계열의 존재 여부를 확

---

56) 'ᄫ'과 'ㅂ'이 해당 환경에 존재하면 '○'로 표기하고 존재하지 않으면 '×'로 표기하였다.

인하고 '봉'의 음운 자격을 다시 밝히고자 한다.

4.2.1. 'ㅿ'의 음운론 지위

장석(2018: 57-87)에서는 문헌자료와 방언자료를 통해 'ㅿ'의 기원에 대해 살펴보았는데 한자어에 있는 'ㅿ', 고유어에 있는 'ㅿ'은 각각 한어 일모(日母)를 차용한 것, 'ㅅ'으로부터 변해온 것이라는 결론을 얻었다. 본항에서는 이러한 결론을 바탕으로 어원에 따라 'ㅿ'의 음운론 지위를 고찰하겠다.

4.2.1.1. 후기 중세 한자어에서의 'ㅿ'의 음운론 지위

후기 중세 한자어에서는 다음과 같은 한자어가 확인된다.

(25)[57]
가. 신(人) : 신(信)
나. 실(日) : 실(室)
다. 슉(肉) : 슉(叔)

---

57) (25)에서 제시된 한자음은 동국정운 한자음이 아닌 현실 한자음이다. 구체적인 출처 는 다음과 같다.
　　가. 세혼 **人신**이오 (『六祖法寶壇經諺解』上:4ㄴ)
　　　　이 오손 **信신**을 表표ᄒᆞ니 (『六祖法寶壇經諺解』上:51ㄱ)
　　나. 이 둘 十십五오**日실**에 四ᄉᆞ衆즁을 너비 뫼화 師ᄉᆞᄅᆞᆯ 爲위ᄒᆞ야 (『六祖法寶壇經諺解』上:3ㄴ)
　　　　室실에 들어눌 (『六祖法寶壇經諺解』上:44ㄴ)
　　다. 皮피**肉슉**은 이 色ᄉᆡᆨ身신이니(『六祖法寶壇經諺解』中:45ㄱ)
　　　　叔 아ᅀᆞ아자비 **슉**(『訓蒙字會』上:16ㄴ)

위진(2009: 33)에서는 위와 비슷한 예를 나열하고 후기 중세 한자어에서 'ㅿ'과 'ㅅ'이 최소대립쌍을 이루므로 'ㅿ'은 음소의 기능을 수행했다고 언급하였다. 'ㅿ'의 음가가 [z]이었다면 이러한 주장이 성립될 수 있지만 만약 'ㅿ'이 후행하는 모음과 결합할 때 모음의 영향을 받아 발음되지 못한다면 (25)에 있는 단어들은 최소대립쌍을 이룬다고 하기 어렵다. 최소대립쌍을 이루려면 우선 실제 발음될 수 있는 분절음의 수가 같아야 하기 때문이다.58) 지금부터 이에 대해 살펴보기로 한다.

일모는 중고 한어에서 항상 [i] 모음, [j] 활음을 가진 운모와 결합하고 중세 한국 한자어에서도 [i] 모음, [j] 활음과만 결합한다.59) [j]는 아주 큰 공명도를 지닌 분절음이고 자음으로도 쓰일 수 있고 모음으로도 쓰일 수 있다. 이 책에서는 자음으로 쓰인 [j]를 접근음으로 부르고 모음으로 쓰인 [j]를 활음으로 부른다.60) [i]와 [j]는 음성적으로 아주 비슷하고 [성절성] 유무의 차이만 있다. 따라서 [j]와 [i]가 결합하면

---

58) 이진호(2010: 121-122)에서는 최소대립쌍이 실제로 발음할 수 있는 형태가 되지 않으면 안 된다고 언급하고 최소대립쌍이 기저 층위가 아닌 표면 층위에 존재하는 형태이어야만 한다고 하였다. 그리고 최소대립쌍의 설정에 대해 이진호(2010: 124-126)는 음운론적으로 양적 대등성과 질적 대등성의 두 가지를 고려할 필요가 있다고 언급하고 양적 대등성은 최소대립쌍을 이루는 두 단어의 음운이 수적으로 동일해야 한다는 것으로 이 조건을 만족시키지 않으면 최소대립쌍이라고 할 수 없다고 하였다.

59) 예외가 하나 있다. 즉 兒(ᅀᅵ)이다. 15세기 문헌인『조선관역어』에서는 '兒'가 '移', '以'와 대응된 것이 확인된다(구체적인 예는 예문 26 참조). 따라서 15세기 초기에 '兒'의 한국 한자음은 '이'이었다. '兒'가 'ᅀᅵ'로 표시된 것에 대해 2가지 원인으로 생각한다. 외부적으로 중국 북방 한어에서 일모의 음가가 변화하여 특히 '兒化' 현상이 일어나므로 당시 한국 한자음에 영향을 미친 것으로, 내부적으로 보면 15세기 말에 동국정운식 한자어 표기법을 폐지하므로 당시 한어 발음과 더 가깝게 수정한 것으로 추정하였다. 구체적인 논의는 장쉬(2015) 참조

60) 접근음과 활음의 공통점과 차이점은 각주 11에서 자세히 설명하였다.

[j]가 발음될 수 있는지가 의문이다. [j]와 [j]로 시작하는 이중모음이 결합하는 경우도 마찬가지다.

위의 논의를 잠깐 정리하겠다. 만약 'ㅿ'의 음가가 접근음 [j]이었다면 '신', '실', '슉'을 비롯한 단어에서 'ㅿ'이 발음될 수 있는지 의문시된다. 따라서 '신', '실', '슉'의 실제 발음될 수 있는 분절음의 수는 각각 2개, 2개, 3개가 된다. 그러나 '신', '실', '슉'의 실제 발음될 수 있는 분절음 수는 각각 3개, 3개, 4개이다.[61] 이러한 논리에 따르면 'ㅿ'의 음가가 접근음 [j]일 때 (25)에 있는 단어들은 최소대립쌍을 이루지 못하므로 'ㅿ'은 음소가 아니라고 할 수 있다. 지금부터 후기 중세 한자어에서의 'ㅿ'의 음가를 간단하게 살펴보도록 하겠다.

우선 『조선관역어』의 예문을 살펴보기로 한다.

(26)

二月		**移**臥 (『朝鮮館譯語』:7ㄱ)
兒馬	阿直盖墨二	**以**罵 (『朝鮮館譯語』:10ㄱ)
耳	貴	**以** (『朝鮮館譯語』:17ㄱ)
入城	雜得勒戛大	**与**升 (『朝鮮館譯語』:5ㄴ)
熱	得卜大	**耶** (『朝鮮館譯語』:6ㄴ)
熱酒	得本數本	**耶**主 (『朝鮮館譯語』:22ㄴ)

위에서 보는 바와 같이 15세기 초에 일부 'ㅿ'은 이미 [Ø]로 실현된 것을 확인할 수 있다. 'ㅿ'의 이러한 변화 과정은 한어의 교료관

---

61) 'ㅅ'뿐만 아니라 초성에 'ㅇ'을 제외한 다른 자음이 와도 실제 발음될 수 있는 분절음 수는 3개, 3개, 4개이다. 만약 초성에 'ㅇ'이 오면 음성적으로 'ㅇ'을 가진 한자어와 'ㅿ'을 가진 한자어의 음성이 같기 때문에(예: 인(引)=싄(人)=[in]) 서로 최소대립쌍을 이룬다고 할 수 없다.

화(膠遼官話), 월어(粵語)에서도 확인할 수 있다.[62] 15세기 한글 문헌에서
일모 한자어가 'ㅇ'으로 표기되는 예도 확인할 수 있다.

(27)

가. 부톄 **인ᅀ**ᄒᆞ신대 (『月印釋譜』2:9ㄱ)

나. **가인**끠 샹빅 (『신창맹씨묘출토언간』[63]1)

'인ᅀᆞ'는 한자어 '人事'와 대응되고 '人'의 'ᅀᅵᆫ', '인' 형태가 모두 확
인된다. '가인'은 '家人'의 한자어이다. 같은 문헌에서 '인ᅀᆞ'와 'ᅀᅵᆫᅀᆞ'
가 모두 존재하는 것으로 보아 당시 사람들은 'ㅿ'과 'ㅇ'은 정확히
구분하지 못하였을 것이다.[64]

한편, 일모가 아닌 한자어가 'ㅿ'으로 표기되는 예도 있다.

(28)

가. 큰 龍용이 閻염浮부提뎨예 (『六祖法寶壇經諺解』上:80ㄱ)

나. **攝** 뜨들 **셥** (『訓蒙字會』下:6ㄱ)

---

62) 구체적인 논의는 장석(2014) 참조

63) 『신창맹씨묘출토언간』은 2011년 5월 3일 대전광역시 유성구 금고동 산110-3번지 안
정나씨묘에서 출토된 한글 언간이고 언간의 작성 연대는 1490년으로 추정된다(배영
환 2012: 219-220). 이 책은 배영환(2012: 220-222)에서 제시된 판독문을 참조하였다.

64) 이기문(1972: 37)은 (26), (27가)를 가지고 중세어에서 'ㅿ'이 어두에 오지 않았음을 반
영한 것이라고 해석하였다. 그러나 15세기 문헌에서 '인ᅀᆞ'형태보다 'ᅀᅵᆫᅀᆞ'형태가 더
많이 나타난다(15세기 문헌에 '인사'는 1번, 'ᅀᅵᆫ사'는 5번 나타난다.). 그리고 다음과
같은 예도 확인할 수 있다.

　가. **열독**으로 허러 암근 후에 허므리 업디 아니커든 (『救急簡易方諺解』6:94ㄴ)

　나. 비야미 헝우롤 봇가 어르러지예 **ᅀᅵ빅** 번을 뿟고 프ᅀᅥ리예 ᄇᆞ리라 (『救急
簡易方諺解』6:85ㄴ)

　다. 왕리 **ᅀᅵ쳔** 리 ᄯᅡ해 (『飜譯朴通事』上:53ㄴ)

열독(熱毒), '**ᅀᅵ빅**(二百)', '**ᅀᅵ쳔**(二千)'은 모두 'ㅿ'으로 표기되어 있다. 이러한 단어가 확
인되므로 중세 한국어에서 'ㅿ'이 어두에 오지 않았다는 주장은 문제가 있다.

다. 佛불光광 비취샤몰 **因신**ᄒ야 (『法華經諺解(改刊本)』1:34ㄴ)

라. 實실相**샹印신**올 니ᄅ노라 (『法華經諺解(改刊本)』1:70ㄴ)

마. 滔도慢만 則즉不블能능**研연**精졍ᄒ고 (『飜譯小學』6:16ㄴ)

바. 내 새로 온 **향샴**[65]이 탕곳 갑시 언메나 훈 동 몰래라(『飜譯朴通事』 上:52ㄱ)

위에서 보는 바와 같이 이모(以母)자인 '闇', '擱', 영모(影母)자인 '因', '印', '闇', 그리고 의모(疑母)자인 '研'은 모두 'ㅿ'으로 표기된 형태가 확인된다. 이들의 성모가 [Ø]인데도 불구하고 'ㅿ'으로 표기된 것으로 보아 당시 사람들은 'ㅿ'과 'ㅇ'을 명확히 구별하지 못하였다고 볼 수 있다. 따라서 '셤 : 염', '신 : 인', '션 : 연'은 음성적으로 아주 가깝다고 본다면 'ㅿ'의 음가를 접근음 [j]로 해석해도 무리가 없다.

(25)로 돌아가 보기로 하자. '싄(人):신(信)', '실(日):실(室)', '슉(肉):슉(叔)'은 서로 최소대립쌍을 이룬 것처럼 보인다. 그러나 앞서 언급한 것처럼 'ㅿ'의 음가는 접근음 [j]이다. 접근음 [j]가 [i] 모음 혹은 [j] 활음 앞에 발음될 수 있는지 의문시된다. 따라서 '싄(人) : 신(信)', '실(日) : 실(室)', '슉(肉) : 슉(叔)'은 발음될 수 있는 분절음 수가 서로 일치하지 않아 최소대립쌍을 이룬다고 보기 어렵다. 이러한 사실을 통해 후기 중세 한자어에서 'ㅿ'은 음소가 아니었다는 결론을 내리고자 한다.

---

65) '향샴'은 한자어 '鄕闇'이다.

4.2.1.2. 후기 중세 고유어에서의 'ㅿ'의 음운론 지위

고유어에 있는 'ㅿ'은 형태소 경계와 형태소 내부에 모두 나타난다.
우선 형태소 경계에 위치한 'ㅿ'을 살펴보자.

(29)

가. **두ᅀᅥ** 번 니르시니 (『釋譜詳節』6:7ㄱ)

나. 嗚呼는 **한숨**디틋훈 겨치라 (『月印釋譜』序:23ㄱ)

다. 세 분이 **프ᅀᅥ리**예셔 자시고 (『月印釋譜』8:93ㄴ)

라. **한삼** 즛디허 똔 즙과 초와 각 서 홉을 섯거 (『救急簡易方』3:118ㄱ)

마. 敎門에 허루믈 전혀 **일ᅀᅡ마** 흰히 버서 닷디 아니ᄒ야 (『法華經諺解』
7:159ㄱ)

바. 門庭을 닶겨셔 **쓰ᅀᅥ리** ᄒ노라 (『杜詩諺解』10:39ㄱ)

'두ᅀᅥ'는 '둘[二]'과 '세[三]'가 합친 것으로 볼 수 있고 '한숨'은 '한
＋ 숨'으로 분석할 수 있으며 '프ᅀᅥ리'는 '플 ＋서리'로 해석할 수 있
다. '한삼'은 '한 ＋ 삼'으로 분석할 수 있고 '일ᅀᅡᆷ-'은 '일 ＋ 삼-'으
로 분석할 수 있으며 '쓰ᅀᅥᆯ-'은 '쁠- ＋ 설-'로 분석할 수 있다. 이
러한 'ㅿ'은 형태소 결합하는 과정에서 생긴 것이고 'ㅅ'으로 소급할
수 있다. 그러나 후기 중세 문헌을 보면 이 유형의 단어에서 'ㅅ 형
태'도 확인된다.

(30)

가. **두서** 소솜만 달혀 조각 즈의란 앗고 (『救急簡易方』3:60ㄴ)

나. **한숨** 디ᄂᆞᆫ 소리 (『釋譜詳節』19:14ㄴ)

다. **프서리**에 곧 서르 迷路ᄒ리로다 (『杜詩諺解』7:8ㄴ)

라. 褂 **한삼** 륨 (『訓蒙字會』上:4ㄴ)

마. 衣服 브튼 禮룰 **일사몰** 쑤니언뎡 (『內訓』2:15ㄴ)

바. 아츠미어든 드러가고 **쁘설**어늘 아비로 ᄒᆞ여 쏘 내조차눌 (『飜譯小學』 9:22ㄱ)

중세 문헌에서 '두어 : 두서', '한숨 : 한슘', '프서리 : 프서리', '한삼 : 한삼', '일삼- : 일삼-', '쁘설- : 쁘설-'을 모두 확인할 수 있다.[66] 이와 비롯한 단어들이 공존한 것으로 보아 'ㅅ→ㅿ'의 규칙은 수의적 규칙이라고 볼 수 있다.

계속 예문을 보기로 한다.

(31)

ᄀᆞᆳ **ᄀᆞᅀᅢ** 누엣거늘 (『釋譜詳節』3:17ㄴ)

'ᄀᆞᅀᅢ'는 'ᄀᆞᆺ[邊]'의 곡용 형태이다. 그러나 후기 중세 문헌에서 'ᄀᆞᆺ'이 곡용할 때 'ㅅ'으로 실현된 예도 확인된다.

(32)

가. 오직 輪廻ㅅ **ᄀᆞᄉᆡ** 니를오 能히 佛海예 드디 몯ᄒᆞ리라 (『圓覺經諺解』 上2-3:46ㄱ)

나. 머리 네 녁 **ᄀᆞᄉᆡ** 내텨 나라홀 더러이디 말에 호미 맛당ᄒᆞ니라 (『飜 譯小學』7:13ㄱ)

---

66) 이에 대해 이기문(1972: 34)은 'ㅿ형'과 'ㅅ형'이 각각 다른 방언형이었던 것이라고 하고 'ㅿ형'은 중앙 방언의 것이었고 'ㅅ형'은 남부 방언의 것이었다고 추정하였다. 그러나 이러한 설명은 일종의 추론에 불과하고 어떤 남부 방언형이 언제 중앙 방언에 어떻게 침투하였는지에 대해 이기문(1972)에서는 언급하지 않고 있다. 만약 (30)에서 제시된 예들이 중앙어가 아닌 다른 방언임을 증명할 수 있다면 이기문(1972)의 주장도 설득력이 있다.

위에서 제시한 것처럼 15세기 문헌, 16세기 초기 문헌에서 'ㄱ새'
형태가 확인된다. 한편 후기 중세 한국어의 용언 활용형에서 'ㅅ 형
태'와 'ㅿ 형태'가 모두 확인되는 경우도 있다.

(33)

가. 續命神幡은 목숨 **니슬** 神奇흔 幡이라 (『釋譜詳節』9:30ㄴ)

나. 偈롤 **지서** 讚歎ᄒᆞᅀᆞᆸ니 (『月印千江之曲』上:64ㄴ)

다. **짓기서** 모다슐 期約을 아디 몯ᄒᆞᆯ시 (『杜詩諺解』22:47ㄱ)

(34)

가. 念念이 서르 **니서** (『圓覺經諺解』上2-2:10ㄴ)

나. 惡因 **지손** 다ᄉᆞ로 ᄯᅩ 이 命終흔 사ᄅᆞ미 殃孽에 버므러
  (『月印釋譜』21:105ㄴ)

다. 니슨 니페는 **짓기엇**는 곳고리 어득ᄒᆞ얏도다 (『杜詩諺解』15:7ㄴ)

위에서 제시한 것처럼 후기 중세 한국어에서 '닛-[繼]', '짓-[作]',
'짓깃-[栖]'은 활용할 때 'ㅿ'으로 표기되는 예와 'ㅅ'으로 표기되는
예들이 모두 확인된다. (31), (32), (33), (34)에서 제시한 예들의 'ㅿ'
은 형태소와 형태소가 결합하는 과정에서 생긴 것이 분명하고 'ㅅ'
으로 소급할 수 있다. 후기 중세 한국어 문헌에서 이들의 'ㅅ 형태',
'ㅿ 형태'가 모두 확인되므로 'ㅅ→ㅿ'의 음변화를 역시 수의적인 음
변화로 생각한다.

한편 현대 한국어에서 용언 어간 말음이 'ㅅ'인 경우는 'ㅅ 불규칙'
활용을 적용하는 단어가 있고 적용하지 않는 단어도 있다. 대부분
'ㅅ 불규칙' 활용을 적용하는 단어는 후기 중세 한국어에서 'ㅿ'을 가

진 단어이다. 그러나 후기 중세 한국어에서 'ㅿ'을 가진 단어는 현대 표준어에서 규칙적으로 활용하는 예도 있다.

(34)
가. 東山이 淸淨ᄒ고 남기 盛히 **기ᅀᅳ**니 (『釋譜詳節』11:37ㄴ)
나. 太子ㅣ **우ᅀᅳ**며 닐오디 (『釋譜詳節』6:24ㄱ)
다. 비록 **아ᅀᅡ**도 도로 녜 같ᄒᆞ야 (『釋譜詳節』9:22ㄱ)

후기 중세 한국어에서 '깃-', '웃-', '앗-'은 모음으로 시작하는 어미와 결합할 때에 'ㅅ' 대신 'ㅿ'으로 표기되었다. 그리고 'ㅿ'이 사라진 후에 '깃-', '웃-', '앗-'은 모음으로 시작하는 어미와 결합할 때 다음과 같은 예도 확인될 수 있다.

(35)
가. 플 **기은** 따히 노하 ᄒ여금 플 먹게 ᄒ고 (『老乞大諺解(初刊本)』下:41ㄱ)
나. 皇后ㅣ 크게 **우으**며 아디 못ᄒ여다 (『朴通事諺解』下:21ㄴ)
다. **아올** 탈 奪 (『新增類合』下:19ㄴ)

16세기 말에 'ㅿ'이 이미 사라졌기 때문에 '깃-', '웃-', '앗-'은 모음으로 시작하는 어미와 결합하면 'ㅇ 형태'를 확인할 수 있다. 그러나 현대 한국어에서 '깃-', '웃-', '앗-'은 'ㅅ 규칙활용' 용언이다. 김완진(1973: 43-44)에서는 "'웃-'에 '-으니'라는 어미를 붙였을 때 일단은 '우으니'라는 형태가 나오지만 흔히는 축약의 결과로 '우니'로 발음되는 것인데, 이 형태는 '울-'에 '-으니'가 붙어 이루어지는 '우니'와 발음상으로 완전히 일치된다."라고 하였고 이러한 파국을 벗어나는 가장 알맞은 수순으로 '웃다'의 방언형을 끌어 들이는 일이 채택된 것이라고 주장한다. 후기 중세 한국어에서 '비웃-'도 있는데 '비웃-'이 활용할 때 주로 'ㅿ 형태'가 확인되지만 현대 한국어에서 '비웃-'은 규칙적으로 활용하는 동사이다. 그러나 한국어에서 '*비울다'가 없기 때문에 '웃다'의 설명 방법을 가지고 '비웃다'가 왜 규칙 동사가 되는지에 대해 설명할 수 없다. 만약 김완진(1973)의 설명에 따라 '웃다'가 규칙동사가 되고 나서 '비웃다'에 영향을 끼쳤다고 가정하면 합리적인 설명을 얻을 수 있을 듯하다. 그러나 다음과 같은 예문이 확인된다.

(36)
가. 嗤 **비우슬** 치 (『新增類合』下:30ㄱ)
나. 子路ㅣ **우슨**대 (『家禮諺解』9:29ㄱ)

후기 중세 문헌에서 '비웃-'이 모음으로 시작하는 어미와 결합할 때 'ㅅ'으로 실현되는 예가 확인되고 근대 문헌에서 '웃-'이 모음으로 시작하는 어미와 결합할 때 'ㅅ'으로 실현되는 예가 확인된다. 이러한 예들이 확인되므로 위의 가설이 성립되기 어렵고 김완진(1973)에서 '웃다'에 대한 설명도 재고할 필요가 있다. 한편 김완진(1973: 44)에서는 '앗-'에 대해 "'앗-' 그 자체로의 사용이 무슨 이유에서인지 중단되고 '빼앗-'이라는 복합 형태로 대체된 이후에 있어서는 '웃다'와 같은 경로를 걷지 않으면 안 된다."라고 설명하였다. '빼앗-'은 중세 문헌에서 확인되지 않고 19세기 문헌과 20세기 문헌에서 확인된다. 만약 김완진(1973)에 따르면 '앗다'는 19세기 이후에야 'ㅅ 규칙

활용' 동사가 되는 것이다. 그러나 16세기 문헌에서 다음과 같은 예
를 확인할 수 있다.

(37)
父母ㅣ **아사** 남진 블티고져 ᄒᆞ거늘 (『小學諺解』4:36ㄱ)

16세기 문헌에서 '앗-'이 모음으로 시작하는 어미와 결합할 때에
'ㅅ 형태'가 확인되므로 김완진(1973)의 주장에 문제가 있다.[67] 뿐만
아니라 후기 중세 한국어에서 '깃-'이 활용할 때 'ㅿ 형태'가 확인된
다. 그런데 현대 표준어의 '깃-'은 규칙 활용 용언이 되는 원인에 대
해 김완진(1973)에서는 구체적으로 설명하지 않았다. 따라서 '깃-',
'웃-', '앗-'이 규칙 용언이 되는 원인에 대해 '방언의 침투'로 설명
하기 어렵다. 이보다는 'ㅅ'이 'ㅿ'이 되는 현상을 수의적 음운 현상
으로 보는 것이 더 나은 설명이 된다.

다음, 형태소 내부에 있는 'ㅿ'을 살펴보기로 한다.

(38)
가. ㅿ如**브섭**爲竈 (『訓民正音』解例:25ㄴ)
나. 고지 ᄂᆞ로면 **므슷** 일로 ᄲᆞ리니오 (『杜詩諺解』10:16ㄱ)
다. 미양 밥 먹고 **이슥**거든 무러 날오더 (『飜譯小學』9:79ㄴ)
라. 이 **므슴** 먹디 말라 (『釋譜詳節』3:21ㄱ)
마. 限은 **그스미**라 (『法華經諺解』3:41ㄱ)

---

67) 정윤자(1990)에서는 'ㅿ'의 소실로 일부 활용형에서 모음이 연속되어 축약될 가능성이
발생하였으므로 안정된 형태론적 구조를 유지하기 위해 'ㅅ정칙활용'으로 변화하였다
고 주장하였다. 그러나 후기 중세 한국어에서 '엿-[窺]'이 있는데 활용할 때에 'ㅿ 형
태'가 확인되고 'ㅿ'이 소실 후에 'ㅇ 형태'가 확인될 수 있다. 따라서 정윤자(1990)의
주장의 타당성은 의심하게 된다.

(39)

가. **브섭** 닉예 庖廚의 머로몰 알리로라 (『杜詩諺解』14:19ㄱ)

나. **므슷** 이룰 겻고오려 ᄒᆞᄂᆞᆫ고 (『釋譜詳節』6:27ㄱ)

다. 말ᄊᆞ믈 **이슥**히 ᄒᆞ더 (『飜譯小學』10:26ㄱ)

라. 네 **므스모**로 기들워라 (『飜譯老乞大』下:1ㄴ)

마. 未來옛 **그스모**로 알ᄑᆡᆺ 塵劫을 가줄비건댄 (『法華經諺解』3:165ㄴ)

같은 시기 문헌에서 '브섭 : 브섭', '므슷 : 므슷', '이슥 : 이슥', '므슴 : 므슴', '그슴 : 그슴'이 모두 확인되므로 형태소 내부에서 'ㅅ'이 '△'으로 실현되는 음운 규칙은 수의적이라고 할 수 있다.

위의 내용을 잠깐 정리하겠다. '△'은 '형태소 경계와 형태소 내부에 나타날 수 있는데 두 가지의 '△'은 모두 수의적인 음변화인 'ㅅ→△'에 의해 생긴 것이다. 그러나 'ㅅ→△'은 수의적인 규칙이었다고 하더라도 '△'이 음소가 아니라는 결론을 도출하기 어려울 수 있다. 예를 들어 현대 한국어에서는 조음 위치 동화 현상이 수의적인 음운 현상인데, 이 음운 현상이 적용된 사례 '신발[신발/심발]'에서 변화의 결과인 /ㅁ/은 음소의 지위를 지닌다. 그러나 고유어에 있는 '△'은 'ㅅ'에 소급한다는 점까지 고려하면 후기 중세 한국어에서 '△'이 음소가 아니라는 결론을 내릴 수 있다.

한편, 언어 보편성을 통해 '△'을 /z/로 해석하는 것이 합리적인지에 대해 살펴보기로 한다. 우선 자연 언어에서 /s/와 /z/의 분포를 보겠다.

〈표 8〉 UPSID에서의 /s/와 /z/의 분포

	s 있음	z 있음	s, z 모두 있음	s만 있음	z만 있음
266	266	96	96	170	0
x/266	100.0%	36.1%	36.1%	63.9%	0.0%

<표 8>에 있는 데이터는 UPSID에 있는 317개 언어를 조사하여
얻은 결과이다.[68] 266개 언어 전부에 /s/가 존재한다. /z/만 있는 언어
는 없고 /s/와 /z/가 모두 존재하는 언어는 96개가 있으며 36.1%를 차
지하고 있다. 이러한 언어 보편적 사실을 통해 /z/는 의존적인 성격을
지니고 있고 어떤 언어가 /s/를 가지고 있다는 사실이 /z/의 존재를
전제할 가능성이 높지 않다는 것을 알 수 있다.

다음으로 자연 언어에서 유성 마찰음 /z/와 유성 폐쇄음 /d/의 분포
를 보겠다.

〈표 9〉 UPSID에서의 /d/와 /z/의 분포[69]

	d 있음	z 있음	d, z 모두 있음	d만 있음	z만 있음
211	193	96	78	115	18
x/211	91.5%	45.5%	37.0%	54.5%	8.5%

<표 9>에 있는 데이터는 UPSID에 있는 317개 언어를 조사하여
얻은 결과이다. 317개 자연 언어에서 211개 언어는 /d/와 /z/가 같이
존재하거나 /d/, /z/ 중 하나만 존재한다. /z/만 있고 /d/가 없는 언어는

---

68) I.Maddieson(1984)에서는 UPSID에 있는 317개 언어를 소개하고 그들의 음운체계를 나
   열하였다.
69) 이 표는 朱曉農(2003:11)에서 가져온 것이다.

18개밖에 존재하지 않고 비율로는 8.5%에 지나지 않는다. 후기 중세
한국어에는 /d/가 없었다. 따라서 'ㅿ'을 음소 /z/로 보는 것은 언어
보편성에 있어서는 그 가능성이 매우 희박한 편에 속한다고 하겠
다.[70]

4.2.2. 'ㅇ'의 음운론 지위

본항에서는 후기 중세 한국어에서의 'ㅇ'의 음운론 지위를 살펴보
기로 한다. 'ㅇ'의 음가에 대해 아직 정설로 자리 잡은 논의는 없는
듯하다. 'ㅇ'에 대한 논의는 주로 유음가설, 무음가설 두 가지가 있
다.[71]

무음가설에 따르면 'ㅇ'은 음가가 없기 때문에 음소로 해석되기 어
렵다. 'ㅿ'과 'ㅇ'은 모두 음소로 해석되지 못하므로 이들의 성격과
비슷한 'ㅸ'도 음소이었을 가능성이 희박하다.

유음가설에 따르면 적극적인 기능을 수행하는 'ㅇ'은 'ㄱ>∅'의
변화에서의 한 단계이고 이기문(1972)에서는 이러한 'ㅇ'을 음소 /ɦ/
로 해석하였다. 선행 자음과 분철한다는 표기와 'ㄱ'의 약화현상을
고려한다면, 'ㅇ'은 어떤 음성을 지니고 있다고 생각할 수 있다. 그러
나 반드시 'ㅇ'을 음소로 봐야 되는지는 의심스러운 면이 없지 않다.
후기 중세 한국어에서 'ㅇ'을 가진 단어를 살펴보겠다.

---

70) 물론 언어 보편성은 결정적인 증거가 되기 어렵다. 그러나 음운 체계를 재구할 때 자
연 언어에 존재하는 보편적인 특성을 위배하고 재구하는 것은 부적절하다.

71) 그 밖에 juncture phoneme설도 있는데 juncture는 ㅇ자체가 아니라는 문제점을 안고 있
다(정연찬 1987:16).

(40)

가. 梨浦 **빅애** (『龍飛御天歌』3:13ㄴ)

나. 楸洞 **ㄱ래올** (『龍飛御天歌』10:19ㄴ)

다. 奮은 매 **놀애** 티ᄃ시 가ᄇ얍고 섄룰씨오 (『月印釋譜』10:78ㄱ)

(41)

가. 邊은 **대그르시**오 (『楞嚴經諺解』6:100ㄱ)

나. **비골폼**과 목물롬과 老病死돌히오 (『月印釋譜』7:53ㄴ)

다. 金 **놀개**라 혼 ᄯ디니 두 놀개 쓰싀 三百三十六萬里오 (『月印釋譜』
1:14ㄴ)

'빅애'는 '빅'와 '개'를 합친 것으로 'ㄱ래올'은 'ㄱ래 + 골'로, '놀
애'는 '놀- + -개'로 분석되고 '대그릇', '비골폼', '놀개'는 각각 '대
+ 그릇', '비 + 골폼', '놀- + -개'로 분석된다. 같은 음운 환경에
있는 'ㄱ'은 'ㅇ'으로 실현되는 경우와 그대로 유지되는 예들이 모두
확인된다. (40)과 (41)을 통해 'ㄱ>∅'은 수의적 음변화로 해석할 수
있다. 그리고 'ㅇ'이 'ㄱ'으로 소급한다는 점까지 고려하면 후기 중
세 한국어에서 'ㅇ'은 음소가 아니었을 가능성이 크다.

또한 후기 중세 한국어에서는 후음 계열에 'ㆆ'이 있는데 'ㆆ'의
음가가 보통 무성 후두 마찰음 [h]로 해석된다. 현대 한국어에서는
유성음 환경에 있는 'ㆆ'이 유성음으로 실현되거나 탈락한다. 이러한
'ㆆ'의 탈락 현상은 후기 중세 문헌에서도 확인된다.

(42)

가. 杵는 방핫괴니 굴근 **막다히** ㄱ튼 거시라 (『釋譜詳節』6:31ㄴ)

나. 뎌 자본 갈 **막대** 미조차 글그티 ᄒ야디여 (『法華經諺解』7:53ㄴ)

(43)

　가. 프른 **시내해** 비록 비 해오나 (『杜詩諺解』7:8ㄱ)

　나. ᄆᆞᄉᆞᆳ햇 비는 거스려 **시내로** 오ᄅᆞ놋다 (『杜詩諺解』25:23ㄴ)

(42)와 (43)에서는 '막다히'와 '막대', '시냏'와 '시내'의 예들이 제시되었고 이러한 예들은 모두 'ㅎ'이 탈락한 예이다. 'ㅎ' 탈락은 자음의 약화에 속한다. 자음의 약화는 주로 여섯 가지의 유형이 있고 유형별로 나열하면 다음과 같다.

(44)

　a. 이중자음(geminate) > 단자음(simplex)

　b. 파열음(stop) > 마찰음(fricative) > 접근음(approximant)

　c. 파열음(stop) > 유음(liquid)

　d. 구강음(oral) > 성문음(glottal)

　e. 非鼻音(non-nasal) > 비음(nasal)

　f. 무성음(voiceless) > 유성음(voiced)

'ㅎ'은 무성 후두 마찰음이기 때문에 'ㅎ' 탈락은 논리적으로 (44b)와 (44f)의 유형에 해당될 수 있다. 그러나 후두 계열은 접근음이 존재하지 않아 (44b)도 제외된다. 그러므로 'ㅎ' 탈락의 가능한 약화 유형은 (44f)이고 'ㅎ'은 우선 유성음화를 겪은 다음에 탈락했을 가능성이 크다. 따라서 후기 중세 한국어에서 'ㅎ'은 유성음화가 일어났을 것이다.[72]

---

72) 이 주장과 반대로 소신애(2017:17)는 후기 중세 한국어에 있는 'ㅎ'이 유성음화가 되지 않는다고 언급한 바가 있다. 그 원인에 대해 'ㅎ'이 강한 유기성을 가지고 있었다고 보고 후기 중세 한국어의 'ㅎ'이 현대 한국어의 'ㅎ'에 비해 상대적으로 강한 유기성을 지닌 유기음으로 실현되었음 지적하였다.

한편, 『조선관역어』에서 다음과 같은 예도 확인된다.

(45)

紙　　**着必**　　　　直　（『朝鮮館譯語』:12ㄴ）

‘必’은 방모자(幫母字)로 ‘ㅂ’과 대응되고 ‘着必’은 ‘죠히’로 변한 것이 ‘ㅂ>ㅎ’의 음변화가 일어난 것으로 해석된다. ‘ㅂ’은 파열음이고 ‘ㅎ’은 마찰음이며 ‘ㅂ>ㅎ’의 음변화는 약화에 해당된다. 이러한 약화를 (44)에서 제시한 약화 유형으로 분석하면 ‘p → b → β → ɦ’가 된다. 유성음 사이에 있는 ‘ㅂ’은 유성음화(44f)가 일어나 유성 양순 파열음이 된 후에 마찰음화(44b)가 일어나고 마지막으로 성문음화(44d)가 일어나 ‘ㅎ’이 된다. ‘ㅂ’은 유성음 사이에서 필수적으로 유성음화가 일어나기 때문에 ‘ㅂ>ㅎ’의 ‘ㅎ’도 유성음일 가능성이 매우 크다.

이상으로 후기 중세 한국어에서는 ‘ㅎ’의 유성음화가 일어났다는 결론을 얻었다. 따라서 [ɦ]는 /h/에 속한 음성이고 ‘ㅇ’은 음소로 해석되기 어렵다.

그리고 분포적으로는 ‘ㅎ’과 ‘ㅇ’은 포괄적 분포를 이루고 있고

그러나 유기성은 유성음화되지 않는 원인이 될 수 있는지 의문이다. 소신애(2012:76)에서는 ‘ㅅ>ㅈ’의 변화를 청자의 오분석으로 인한 변화로 해석하고 중세 한국어에서는 ‘ㅅ’이 유성음화가 일어났다고 주장하였다. 이러한 맥락에서 소신애는 현대 한국어의 ‘ㅅ’은 음성적으로 무기음과 유기음의 중간적 속성을 지닌 음으로 과거에 비해 ‘ㅅ’의 유기성이 증가했다고 언급하였다. 이러한 논리에 따르면 현대 한국어의 ‘ㅅ’은 중세 한국어의 ‘ㅅ’보다 강한 유기성을 가지고 있고 유성음화가 일어날 수 없어야 한다. 그러나 현대 한국어의 유성음 사이에 있는 ‘ㅅ’이 유성음화가 일어날 수 있다(이호영 1996: 86-87). 따라서 유기성은 유성음화되지 않는 원인이 될 수 없고 후기 중세 한국어에서의 ‘ㅎ’이 유성음 사이에서 유성음화되지 않는 주장도 다시 생각할 여지가 있다.

'ㅇ'은 상대적 한정된 환경에만 출현하므로 음소가 아니었을 가능성이 크다. 따라서 'ㅇ'은 음가가 있다고 하더라도 음소의 기능을 수행하지 못했다.

한편, 언어 보편성을 통해 'ㅇ'을 /ɦ/로 해석하는 것이 합리적인지에 대해 살펴보기로 한다. 다음은 자연 언어에서 나타나는 /h/와 /ɦ/의 분포이다.

〈표 10〉 UPSID에서의 /h/와 /ɦ/의 분포

	h 있음	ɦ 있음	h, ɦ 모두 있음	h만 있음	ɦ만 있음
213	202	13	2	200	11
x/213	94.8%	6.1%	0.9%	93.9%	5.2%

〈표 10〉도 UPSID에 있는 317개 언어를 조사하여 얻은 결과이다. 213개 언어는 /h/와 /ɦ/가 동시 존재하거나 /h/, /ɦ/ 하나만 존재한다. 213개 언어에서 13개 언어만 /ɦ/가 존재하고 /h/와 /ɦ/가 동시 존재하는 언어는 2개만 있다. 따라서 언어 보편성을 고려할 때 후기 중세 한국어에는 /h/가 존재하므로 /ɦ/가 음소로 존재할 가능성이 매우 희박하다고 하겠다.[73]

다시 'ㅸ'으로 돌아가 보기로 한다. 앞서 언급했듯이 후기 중세 한국어에서 'ㅿ'과 'ㅇ'은 각각 /β/, /ɦ/로 해석되기 어렵다. 따라서 후기 중세 한국어에 '유성 마찰음' 계열이 존재했다고 할 수 없다. '유

---

[73] 통계적으로 한 사건이 일어나는 확률이 5% 미만일 때 이러한 사건이 small probability event에 해당된다. 만약 한 사건이 small probability event이라면 이러한 사건이 실제 일어나기 힘들다.

성 마찰음' 계열이 존재하지 않은 상태에서 'ㅸ'만을 음소로 해석하기 어렵다. 그리고 'ㅿ', 적극적인 기능을 수행하는 'ㅇ'이 각각 'ㅅ>∅', 'ㄱ>∅'의 변화 과정의 한 음성 표기로 해석되므로 이들의 성격과 비슷한 'ㅸ'도 'ㅂ>w, ㅂ>∅'의 변화 과정에서 발견되는 하나의 과도(過渡) 음성 표기로 볼 수 있다.

4.3. 언어 보편성으로 본 'ㅸ'의 음운론 지위

본절에서는 언어 보편성을 통해 'ㅸ'의 음운론 지위를 살펴보겠다. 언어 보편성은 결정적인 증거가 될 수 없지만 특정한 음소의 범언어적인 성격을 파악할 수 있다. 현재 학계에서는 'ㅸ'을 음소 /β/로 해석하고 있다. 우선 자연 언어에서 나타나는 /b/와 /β/의 분포이다.

〈표 11〉 UPSID에서의 /b/와 /β/의 분포

	b 있음	β 있음	b, β 모두 있음	b만 있고	β만 있음
216	202	32	18	184	14
x/216	93.5%	14.8%	8.3%	85.2%	6.5%

<표 11>에 있는 데이터는 역시 UPSID에 있는 언어를 조사하여 얻은 결과이다. 317개 언어에서 216개 언어는 /b/, /β/가 동시 존재하거나 /b/, /β/ 중의 하나만 존재한다. /b/만 있는 언어는 /β/만 있는 언어의 6배가 된다. /β/만 있는 언어는 14개로 6.5%에 지나지 않는다. 이러한 보편성을 고려하면 /b/가 존재하지 않는 중세 한국어에 음소

/β/가 있다고 보는 것은 무리한 면이 있고 그런 점에서 '붕'을 /β/로 해석하는 것은 어려운 점이 있다.

계속해서 자연언어에서 마찰음소의 분포를 살펴보도록 하겠다.

〈표 12〉 UPSID에서의 마찰음소 개수의 분포

摩擦音素(개)	言語(개)	比率
0	19	6.0%
1	10	3.2%
2	49	15.5%
3	56	17.7%
4	45	14.2%
5	32	10.1%
6	**24**	**7.6%**
7	29	9.1%
8	16	5.0%
9	21	6.6%
10	5	1.6%
11	4	1.3%
12	3	0.9%
13+	4	1.3%

<표 12>도 UPSID에 있는 317개 언어를 조사하여 얻은 결과이다. 만약 '붕', 'ㅿ', 'ㅇ'은 각각 /β/, /z/, /ɦ/로 해석하면 후기 중세 한국어에서 마찰음소는 6개가 된다. 그러나 자연 언어에서 6개 마찰음소를 가진 언어의 비율이 높지 않다. 2개, 3개, 4개 마찰음소를 가진 언

어가 합치면 거의 50%가 된다. 그리고 317개 언어에서 /β/, /z/, /ɦ/를 동시에 가진 언어가 보이지 않는다. 이러한 측면을 고려한다면 'ㅸ', 'ㅿ', 'ㅇ'을 각각 /β/, /z/, /ɦ/로 해석하기 어렵다.

한편, <표 8>, <표 9>, <표 10>, <표 11>을 통해 유성 마찰음은 보편적으로 불안정하다는 것을 알 수 있다. 이제 유성 마찰음의 불안정성이 어디에서 오는지 그 원인을 살펴보기로 한다.

발음할 때 폐 기압과 구강 기압의 차이가 커야 유성음이 잘 나오며 구강 기압과 대기압[74]의 차이가 커야 마찰음이 잘 나온다. 일반 발화시에 폐 기압은 대기압보다 대략 1% 높다. 대기압은 조정할 수 없으므로 1로 표기하겠다. 다시 정리하면 다음과 같다.

(46)[75]
가. 유성음 조건: 肺氣壓(1.01) >> 口腔氣壓
나. 마찰음 조건: 口腔氣壓 >> 大氣壓(1)

(46)에서 보듯이 유성 마찰음을 발음할 때는 구강이 제일 중요하다. 구강 기압을 적당히 조정해야 유성음 조건과 마찰음 조건을 동시에 만족시킬 수 있다. 그런데 유성음 조건을 만족시키려면 구강 기압을 낮게 해야 하는데 구강 기압이 낮아지면 마찰음 조건을 만족시키지 못하게 된다. 유성 마찰음을 발음할 때에 대기압을 조정하지 못하

---

74) 대기압은 공기 무게에 의해 생기는 대기의 압력이다. 북위 45도의 바다 면과 0℃의 온도에서, 수은 기둥을 높이 760mm까지 올리는 데 작용하는 압력을 1기압이라 한다. 대기압은 위도, 온도, 해발 등에 따라 변할 수 있지만 이 책은 편의상 대기압을 1로 설정한다.

75) 朱曉農(2003: 11-12)에서는 유성 마찰음의 조음에 대해 자세하게 설명하였다.

므로 결국은 폐 기압을 더 높게 해야 유성음 조건과 마찰음 조건을 동시에 만족시킬 수 있다. 폐 기압을 더 높게 하면 발화자는 힘들다고 느끼게 된다. 발음할 때 너무 많은 노력을 들인다면 의사소통에 지장을 줄 것이다. 이로 인해 유성 마찰음은 불안정한 성격을 지니고 있고 무성 마찰음이나 접근음으로 쉽게 변하게 된다.

4.4. 정리

본장은 문헌 기록, '유성 마찰음' 계열, 언어 보편성을 통해 'ㅸ'의 음운 자격에 대해 다시 고찰하였다.

4.1에서는 'ㅸ'과 관련된 음변화, 최소대립쌍, 분포 세 가지의 측면에서 'ㅸ'의 음운론 지위를 살펴보았다. 15세기 고유어에 있는 'ㅸ'은 수의적인 'ㅂ→w' 혹은 'ㅂ→∅'의 한 단계이기 때문에 음소의 기능을 수행하지 못했다. 그리고 'ㅸ'과 다른 분절음의 최소대립쌍이 확인되기 어렵기 때문에 'ㅸ'은 음소가 아니었을 가능성이 크다. 한편, 'ㅸ'과 'ㅂ'은 포괄적 분포를 이루고 있으므로 역시 'ㅸ'이 음소로 해석되기 어렵다.

4.2에서는 ㅸ의 성격과 비슷한 'ㅿ'과 'ㅇ'의 음운론 지위를 살펴보았다. 4.2.1에서는 어원에 따라 한자어에 있는 'ㅿ'과 고유어에 있는 'ㅿ'으로 나누어 그 음운 자격에 대해 살펴보았다. 한국 일모 한자음은 15세기부터 이미 접근음 [j]를 거쳐 사라지기 시작하였다. 대부분 'ㅿ'을 가진 한자어의 중성 자리에 활음 [j] 또는 [i] 모음이 존재했기

때문에 'ㅿ'을 가진 한자어에서 'ㅿ'이 발음될 수 없다. 그리하여 '신(ㅿ) : 신(信)', '실(日) : 실(室)', '육(肉) : 슉(叔)'을 비롯한 단어들은 서로 최소대립쌍을 이루지 못하게 되었기 때문에 'ㅿ'을 음소로 볼 수 없다. 고유어에 있는 'ㅿ'은 형태소 경계와 형태소 내부에 모두 출현할 수 있다. 그러나 'ㅿ'은 'ㅅ'에 소급할 수 있고 수의적인 'ㅅ→ㅿ'에 의해 생기기 때문에 'ㅿ'과 'ㅅ'은 변별적 대립을 이루지 못한다. 따라서 'ㅿ'은 음소로 보기가 어렵다.

선행 연구에서 'ㅇ'에 대한 논의는 주로 유음가설, 무음가설 두 가지가 있다. 무음가설에 따르면 'ㅇ'은 음가가 없기 때문에 음소로 해석되기 어렵다. 유성가설에 따르면 'ㅇ'은 'ㄱ>∅'의 변화의 한 단계가 된다. 그리고 'ㄱ>∅'은 수의적인 음변화이기 때문에 'ㅇ'은 음소의 기능을 수행하지 못했다고 생각한다.

마지막으로 언어 보편성을 통해 음소 /β/에 대해 살펴보았다. 자연언어에서는 음소 /β/가 아주 의존적인 성격을 지니고 있기 때문에 후기 중세 한국어에서 'ㅸ'을 음소 /β/로 해석하는 것은 문제가 있다.

제 5 장

붕의 음가

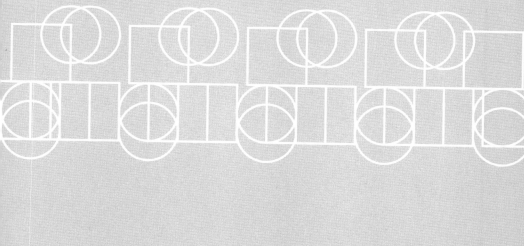

제 5 장   붕의
            음가

　본장에서는 후기 중세 한국어에서 '붕'의 음가에 대해 살펴보겠다. 2.3에서 소개한 바와 같이 선행 연구는 '붕'의 음가에 대해 주로 [β]음설, [w]음설, [ɸ]음설, [v]음설, [bʷ]음설 등 주장이 있다. 이러한 주장들의 근거를 나열하였고 그들의 문제점도 함께 지적하였다. 따라서 '붕'의 음가에 대해서는 다시 살펴볼 필요가 있다. 본장에서는 '붕'과 관련된 음변화, '유성 마찰음' 계열, 문헌 기록 등 측면을 통해 '붕'의 음가를 다시 재구하고자 한다.

5.1. 음변화로 본 '붕'의 음가

　'붕'은 사라진 글자로서 어떤 변화를 겪은 것이 분명하다. 문헌 자료를 통해 '붕'과 관련된 음변화를 확인할 수 있고 이러한 음변화를 통해 'ㅸ'의 음가를 재구할 수 있다.

후기 중세 한국어에서 'ㅸ'은 '아'와 '어('어'로 시작하는 중모음 포함)', 'ᄋᆞ('ᄋᆞ'로 시작하는 중모음 포함)'와 '으', '오'와 '우('우'로 시작하는 중모음 포함)', 그리고 '이'와 결합할 수 있다. 본절에서는 이러한 결합을 살펴봄으로써 'ㅸ'과 관련된 음변화를 파악하고 'ㅸ'의 음가를 재구하고자 한다.

5.1.1. 'ㅸ'과 관련된 음변화에 대하여

5.1.1.1. '봐', '붜'의 음변화

후기 중세 문헌에서 'ㅸ'은 '아', 혹은 '어'와 결합하는 형태가 쉽게 발견된다. 예를 보면서 분석하도록 하겠다.

(47)
가. 太子ㅣ **것바ᄉᆡ** ᄃᆞ외야 빌머거 사니다가 (『釋譜詳節』24:52ㄱ)

나. **글ᄫᅡᆯ**로 말이ᅀᆞᄫᆞᆯ둘 가샴 겨샤매 오늘 다ᄅᆞ리잇가 (『龍飛御天歌』4:24ㄴ)

다. 性 비흐시 어득고 **녇가ᄫᅡ** 어루 큰 일 몯 니르리로다(『月印釋譜』 13:10ㄴ)

라. 時節에 모딘 이리 만ᄒᆞ야 흐리워 罪業을 **니르ᄫᅡ돌**씨라 (『月印釋譜』 1:16ㄴ)

마. 思議 몯호몰 **도ᄫᅡ** 나토니라 (『月印釋譜』17:30ㄴ)

(48)
가. 蕩子ᄂᆞᆫ **것와ᄉᆡ**라 (『金剛經三家解』4:22ㄱ)

나. 文은 **글와리**라 (『訓民正音』諺解:1ㄴ)

다. 性 비흐시 어둡고 **녈가와** 이긔여 (『法華經諺解』2:190ㄱ)

라. ㄱ 업슨 功德을 **니르와ᄃ**샤 (『月印釋譜』2:54ㄱ)

마. 悲와 智와로 **도와** 生死 涅槃애 住티 아니ᄒ실ᄉ (『圓覺經諺解』上 1-2:118ㄱ)

(47)에서 제시한 예는 모두 'ㅸ'이 '아'와 결합하는 예이다. (48)에서 제시한 것처럼 '바'는 같은 시기 문헌 혹은 후기 문헌에서 '와'로 표기된 형태가 확인된다. (47)과 (48)을 통해 '바'에서의 'ㅸ'이 활음 [w]로 변했음을 알 수 있다.

계속 예문을 보겠다.

(49)

가. 봇그며 **구버** 졊ㅈ 먹더니 (『月印釋譜』21:54ㄱ)

나. 그 床애 ᄀᄃ기 **누버** 잇고 (『月印釋譜』21:43ㄱ)

다. 호갓 거츨오 **더러버** (『月印釋譜』13:38ㄱ)

라. 熱惱ᄂ **더버** 셜볼씨니 (『月印釋譜』1:29ㄱ)

마. 목숨 **므거버** 손ᅀㅗ 몯 죽노이다 (『月印千江之曲』상:52ㄱ)

(50)

가. ᄯㅗ 싱앙을 **구워** 브티라 (『救急簡易方』6:67ㄱ)

나. 베 므레 **누워** 두의티디 몯ᄒ얫도다 (『杜詩諺解』16:4ㄴ)

다. 외롭고 **더러워** 그텟 아ᅀᆞᆷ을 더레요니 (『杜詩諺解』22:53ㄴ)

라. ᄆᅀᆞ미 **더워** 火ㅣ 發ᄒ야 (『楞嚴經諺解』8:85ㄴ)

마. 노프며 **므거워** 히미 難히 이긔리로다 (『杜詩諺解』8:9ㄱ)

(49)에서 제시한 예는 모두 'ㅸ'이 '어'와 결합하는 예이다. 이러한 예들의 후대형은 (50)에서 제시되어 있는데 '버'가 후대 문헌에서

'워'로 표기된 형태가 확인된다. 이로부터 '버'에서의 'ㅸ'은 활음 [w]로 변했음을 알 수 있다.

그러나 '곱-', '돕-', '굽-', '눕-'과 같은 용언은 활용할 때 다음과 같은 예도 확인된다.

> (51)
> 가. 婥妁은 부드럽고 **고아** ᄉ랑ᄒ올씨라 (『楞嚴經諺解』8:131ㄴ)
> 나. ᄲᆯ리 **도아** 發홀씨라 (『楞嚴經諺解』7:50ㄱ)
> 다. 甘草 **구어** 져기 븕거든 사ᄒ니라 (『救急方諺解』下:26ㄱ)
> 라. 아ᅀ라히 荊州 衡山애 **누어** 쇼라 (『杜詩諺解』23:34ㄱ)

'곱-', '돕-', '굽-', '눕-'은 '-아' 혹은 '-어'와 결합하면 'ㅂ'이 탈락한 것처럼 보인다. 그런데 앞서 (48마), (50가), (50나)에서 이미 제시한 것처럼 '돕-', '굽-', '눕-'은 '-아' 혹은 '-어'와 결합할 때 '도와', '구워', '누워' 형태가 확인된다. 그리고 15세기 문헌에서 '곱-'의 활용형은 '고아'(51가) 형태뿐만 아니라 '고와' 형태도 확인된다.

> (52)
> 뫼셋는 겨집죵온 **고와** 城을 기우리혀 나노소니(『杜詩諺解』22:43ㄱ)

예문 (48마), (50가), (50나), (51)과 (52)를 아울러 고려하면 15세기 중후반에 '고와'와 '고아', '도와'와 '도아', '구워'와 '구어', '누워'와 '누어'가 공존했다고 할 수 있다. 이러한 공존은 크게 두 가지 측면에서 생각해 볼 수 있다. 하나는 표기법에 의해 생긴 표기의 공존이고 또 하나는 음변화에 의해 생긴 발음의 공존이다.

　만약 표기법의 문제라면 'ㅗ와', 'ㅗ아'가 /owa/, /oa/ 중 어떤 것을 표기하는지를 명확히 밝혀야 한다. 'ㅜ워', 'ㅜ어'의 경우도 마찬가지다. 이 문제를 해결하기 위해 다른 예를 살펴보자. 같은 시기의 문헌에서 '보-[見]'의 활용형은 '보아'와 '보와'가 모두 확인된다. 예문을 제시하면 다음과 같다.

(53)
가. 내 紫磨黃金色身을 **보아** (『釋譜詳節』23:11ㄴ)
나. 親히 宮人을 보샤 顔色을 **보와** 술피시니 (『內訓』2:70ㄴ)

　(53)에서 제시한 것처럼 '보-[見]'의 활용형인 '보아', '보와'가 모두 존재하므로 'ㅗ와', 'ㅗ아'가 같은 음가를 가지고 있다고 하기는 어렵다. 김현(1999: 211-212)에서도 이러한 문제를 언급하면서 '고와'와 '고아', '누워'와 '누어'를 비롯한 공존형이 표기법보다는 음변화에 의해 생긴 것으로 해석했다.

　계속해서 음변화의 측면을 보겠다. 역시 두 가지 가능성이 있다. 하나는 'ㅸ'이 탈락한 것으로 보는 것이고 또 하나는 'ㅸ'이 활음 [w]로 변한 다음에 활음 [w]가 탈락한 것으로 해석하는 것이다. 앞서 이미 언급했듯이 '바', '버'가 각각 '와', '워'로 변한 것은 아주 일반적인 변화이기 때문에 이러한 경우에는 'ㅸ'이 탈락한다고 하기 어렵다. 따라서 '돕-'의 활용형인 '도아'는 '도바→도와→도아'의 과정을 거친 결과로 해석하고자 한다. '고와'와 '고아'를 비롯한 공존은 음변화에 의해 생긴 발음의 공존이다.

5.1.1.2. 'ㅸ', 'ㅹ'의 음변화

후기 중세 문헌에서 'ㅸ', 'ㅹ'를 쉽게 발견할 수 있다. 예들을 보면서 분석하도록 하겠다.

(54)

가. 깊 **가ᄫᆞᆫ디** 쉬우믈 爲ᄒᆞ야 (『月印釋譜』14:80ㄱ)

나. 하 **갓가ᄫᆞ면** 조티 몯ᄒᆞ리니 (『釋譜詳節』6:23ㄴ)

다. 사ᄅᆞ미게론 더러ᄫᅳᆫ 서근 내롤 **그리ᄫᅥ**며 (『月印釋譜』18:39ㄴ)

라. 聖祖仁政을 **도ᄫᆞ**시니이다 (『龍飛御天歌』九:50ㄱ)

마. **스ᄀᆞᄫᅩᆼ** 軍馬롤 이길씨 (『龍飛御天歌』五:31ㄴ)

바. 여러 가짓 **샹ᄃᆞᄫᆡᆫ** 이리 나니라 (『月印釋譜』1:43ㄱ)

(55)

가. 中은 **가온디**라 (『訓民正音』諺解:9ㄴ)

나. 荊州ㅅ 鄭審薛據는 書信을 보내요미 **갓가오**니(『杜詩諺解』7:13ㄴ)

다. ᄆᆞᅀᆞᆷ롤 **그리온** 젼ᄎᆞ로 제 올호라 (『月印釋譜』9:31ㄴ)

라. 賢豪ㅣ 經綸을 **도오**니 (『杜詩諺解』22:41ㄱ)

마. 겨틔 먼 **스ᄀᆞ올** 소니 ᄭᅮ믈 ᄭᅮ엣거늘 (『金剛經三家解』3:37ㄱ)

바. **샹ᄃᆞ왼** 말ᄉᆞ몰 잢간도 이베 내디 아니ᄒᆞ며 (『內訓』1:25ㄴ)

(54)에서는 'ㅸ'과 'ᄋᆞ(ᄋᆞ로 시작하는 중모음 포함)'가 결합된 형태를 가진 단어가 제시되어 있다. (55)에서는 'ㅸ'가 '오'로, 'ㅸ'가 '외'로 변한 예들이 제시되어 있다.

계속해서 'ㅹ'의 예를 보겠다.

(56)

가. **셔ᄫᆞᆯ** 賊臣이 잇고 (『龍飛御天歌』五:40ㄱ)

나. 그저 **더러ᄫᅵᆫ** 거긔셔 微妙ᄒᆞᆫ 法을 나토며 (『釋譜詳節』13:33ㄴ)

다. 목수미 **므거ᄫᅵᆫ** 거실ᄊᆡ 손ᅀᅩ 죽디 몯ᄒᆞ야 섭고 (『釋譜詳節』6:5ㄱ)

라. **셜ᄫᅳᆫ** 일도 이러ᄒᆞᆯ쎠 (『釋譜詳節』6:5ㄴ)

마. 플로미 **쉬ᄫᅳᆫ** 둘 가줄비시니라 (『月印釋譜』14:76ㄴ)

(57)

가. 아바님 **셔울** 겨샤 (『月印釋譜』10:1ㄱ)

나. 臭ᄂᆞᆫ **더러운** 내라 (『楞嚴經諺解』3:7ㄱ)

다. **므거운** 恩愛ᄅᆞᆯ 다 ᄇᆞ린다 (『楞嚴經諺解』1:41ㄴ)

라. 人間애 이셔도 艱難ᄒᆞ야 **셜운** 苦와 듯오니 (『法華經諺解』2:84ㄴ)

마. **쉬운** 히미면 엇뎨 기피 믈이리오 (『杜詩諺解』24:30ㄱ)

(56)에서 제시한 예는 모두 'ㅸ'이 '으'와 결합하는 예이다. 이러한 예들의 후대형은 (57)에서 제시되어 있다. 이상의 (56)과 (57)의 예들을 보면 'ᄫᅳ'가 '우'로 변했음을 알 수 있다.

'ㅸ→오', 'ᄫᅳ→우'의 음변화에 대해 보겠다. 김완진(1972:53)을 비롯한 학자들은 음소 */wʌ/와 음소 */wi/를 설정하고 이러한 이중모음이 재음소화(再音素化, rephonemicization)하면 각각 '오', '우'가 된다고 주장하며 위에서 제시한 'ㅸ'의 변화를 'βʌ>*wʌ>o', 'βi>*wi>u'로 해석하였다. 이러한 주장의 문제점을 3가지로 요약할 수 있다. 첫째, 이 주장은 'ㅸ'이 음소 /β/일 경우만 가능하다. 둘째, 현대 한국어에서 '오', '우'를 각각 */wə/, */wi/로 재분석할 수 없는데 과연 후기 중세 한국어에서 '오', '우'를 각각 */wʌ/, */wi/로 재분석할 수 있는지 의심된다. 셋째, */wʌ/, */wi/는 문증되지 않는다.

김주필(2001: 35-44)에서는 'ㅸ'이 [+순음성] 자질을 가지고 있는 분절음임을 강조하면서 이러한 [+순음성] 자질은 후행하는 'ᄋᆞ'나 '으'에 [원순성]의 영향을 미쳐 원순모음화 현상을 유발하였다고 주장하였다. 그런데 'ㅸ' 뿐만 아니라 'ㅂ', 'ㅍ', 'ㅁ'도 [+순음성] 자질을 가지고 있다. 만약 'ᄋᆞ', '으'는 선행하는 [+순음성] 자질로부터 영향을 받아 각각 '오', '우'로 변했다면 같은 시기에 'ㅂ : 보', '브 : 부', 'ㅍ : 포', '프 : 푸', 'ㅁ : 모', '므 : 무'가 서로 혼동되었을 가능성이 크다. 그러나 이러한 혼동은 같은 시기의 문헌에서 많이 확인되지 못한다. 한편, 현대 한국어에서 '으 : 우', '어 : 오'는 체계적으로 '평순모음 : 원순모음'의 대립을 가지고 있다. 그러나 순음 밑에서 '으'가 '우'로 발음되는 경우가 있지만 '어'가 '오'로 발음되는 예는 확인되지 않는다. 이는 [+순음성] 자질은 후행하는 [-원순성] 자질을 가진 분절음에 미친 영향이 크지 않음을 말해준다. 따라서 김주필(2001)의 주장은 설득력이 높지 않다.

'ㅸ', 'ᄋᆞ', '으'는 모두 [-원순성] 자질을 가진 분절음이지만 '오', '우'는 모두 [+원순성] 자질을 가진 분절음이다. 15세기 한국어에는 공시적으로 양순음 뒤에 평순모음이 원순모음으로 바뀌는 음운현상이 없다. 따라서 'ㅸ'은 양순음으로서 후행하는 평순모음을 원순모음으로 변화시키지 못한다. 만약 'ㅸ'이 활음 [w]로 변하면 이론적으로 'ᄋᆞ', '으'를 원순모음으로 변화시킬 수 있다. 왜냐하면 활음 [w]는 [+원순성] 자질을 가진 분절음이기 때문이다.

이러한 가설에 대해 보겠다. 15세기 한국어에 이중모음 */wʌ/, */wɨ/가 없기 때문에 음성적으로 [wʌ], [wɨ]가 아주 특이하다고 할 수 있다.

[w]가 강한 [+원순성] 자질을 지닌 분절음이기 때문에 청각적으로 [wʌ], [wɨ]가 원순음으로 들릴 가능성이 매우 높다. 15세기 한국어에 [+원순성] 자질을 가진 모음은 /오/, /우/, /와/, /워/, /외/, /위/, /왜/, /웨/가 있다. 음성적으로 [워], [외], [위], [왜], [웨]는 전설 활음 [j]가 존재하기 때문에 [wʌ], [wɨ]와의 거리가 멀다. [wʌ]는 고모음과 중모음의 결합이지만 [와]는 고모음과 저모음의 결합이다. [wɨ]는 고모음과 고모음의 결합이지만 [워]는 고모음과 중모음의 결합이다. 따라서 음성적으로 [오]와 [wʌ], [우]와 [wɨ]는 제일 유사하다. 청자는 소리를 해석할 때 교정(矯正, correction), 오교정(誤矯正, hypo-correction), 과도교정(過度矯正, hyper-correction)할 수 있다.[76] 청자가 정확히 교정하면 음변화가 일어나지 않는 반면에 오교정하거나 과도교정하면 음변화가 일어나게 된다. 앞서 언급했듯이 15세기 한국어에 음소 *$/wʌ/$, *$/wɨ/$가 없고 음성적으로 [오]와 [wʌ], [우]와 [wɨ]가 아주 유사하다. 청자는 [wʌ], [wɨ]를 듣고 이러한 명확하지 않은 소리를 각각 [오], [우]로 오교정할 가능성이 크다. 이것은 바로 음변화 'ㅸ→오', 'ㅱ→우'의 원인이 된다.

5.1.1.3. '뵹', '붕'의 음변화

후기 중세 한국어에 '뵹', '붕'를 가진 형태가 있다. 예를 보면서 설명하도록 하겠다.

---

76) 구체적인 논의는 J.J.Ohala(1993: 257-258) 참조

(58)

가. **갓가ᄫᅩ몰** 자바 니르시니라 (『月印釋譜』17:27ㄴ)

나. 두루 **돌ᄫᅩ**며 붓그려더라 (『釋譜詳節』3:8ㄱ)

다. 내 겨지븨 **고ᄫᅩ미** 사룺 中에도 ᄧᅡᆨ 업스니 (『月印釋譜』7:11ㄱ)

(59)

가. **갓가오몰** 자바 니르시니라 (『法華經諺解』5:177ㄱ)

나. 아힛ᄢᅦ 서르 **돌오**던 사루미 다ᄋᆞ니 (『杜詩諺解』24:47ㄴ)

다. 顏色이 됴ᄒᆞ며 **고오미** 아니오 (『內訓』1:13ㄱ)

(58)은 '보'를 가진 형태이고 (59)는 그들의 후대형을 제시한 것이다. (58)과 (59)를 통해 '보'가 '오'로 변했음을 확인할 수 있다.

(60)

가. ᄒᆞ오ᅀᅡ 무덦 서리옛 나모 아래 이셔도 **두리ᄫᅮ미** 업소니 (『月印釋譜』7:5ㄴ)

나. **므거ᄫᅮ미** 自在홀씨오 (『月印釋譜』11:7ㄴ)

다. **더ᄫᅱ** **치ᄫᅱ**로 셜버ᄒᆞ다가 (『釋譜詳節』9:9ㄴ)

(61)

가. **두리움** 滅ᄒᆞ샤매 니르리 (『法華經諺解』3:163ㄱ)

나. ᄯᅩ 惑業이 어듭고 **므거우미** 이셔 (『楞嚴經諺解』7:86ㄴ)

다. 反逆ᄒᆞᆫ 사람 주규믈 **치위** **더위**롤 디내놋다 (『杜詩諺解』24:2ㄱ)

(60)은 '부'를 가진 형태를 제시한 것이고 (61)은 이러한 형태의 후대형을 제시한 것이다. (60)과 (61)을 통해 '부'가 '우'로 변했음을 확인할 수 있다.

'보'가 '오'로, '부'가 '우'로 변한 현상에 대해 보겠다. 역시 두 가지 가능성이 있다. 하나는 'ㅸ'이 아무 변화를 겪지 않고 탈락한 것으로 해석하는 것이고 또 하나는 일차적으로 'ㅸ'이 활음 [w]가 되고 이차적으로 활음 [w]가 탈락한 것으로 보는 것이다.

첫 번째 가능성을 보겠다. 만약 '보', '부'에서의 'ㅸ'이 탈락한다고 주장하면 이러한 탈락 현상이 왜 일어나는지를 설명해야 한다. '오', '우'는 각각 후설 중모음, 후설 고모음이고 'ㅇ', '으'는 각각 후설 중모음, 후설 고모음에 해당된다. 앞서 5.1.1.2에서 후설 중모음인 'ㅇ', 후설 고모음인 '으'가 후행할 때 'ㅸ'이 탈락되지 않는다는 결론을 얻었다. 따라서 후설 중모음인 '오', 후설 고모음인 '우'가 후행할 때 'ㅸ'이 사라질 가능성이 높지 않다. 한편, '오', '우'는 원순 모음이고 원순 모음은 선행하는 양순음인 'ㅸ'을 탈락시킬 수 있다는 가정도 있다. 그러나 후기 중세 한국어에서 '오', '우'는 선행하는 양순음인 'ㅂ', 'ㅍ', 'ㅁ'을 탈락시키는 현상이 확인되지 않으므로 이러한 주장의 설득력은 높지 않다. 따라서 '보', '부'에서의 'ㅸ'은 아무 변화를 겪지 않고 탈락한다고 보기 어렵다.

두 번째 가능성을 보겠다. '보', '부'에서의 'ㅸ'이 활음 [w]로 변하면 그들은 각각 [wo], [wu]가 된다. 'wo→o', 'wu→u'의 음변화에 대해 음운론적, 음성학적으로 쉽게 설명할 수 있다. 음운론적으로 */wo/, */wu/는 w계 이중모음에서의 체계적 빈칸이고 활음 [w]가 후행하는 [o], [u]와 새로운 이중모음으로 융합되지 못하므로 활음 [w]가 탈락한다. 그리고 [wo]와 [o], [wu]와 [u]는 음성적으로 유사성이 많고 청자가 [wo], [wu]를 쉽게 [o], [u]로 분석할 수 있다. 따라서 'wo→o', 'wu→u'의 음변화를 청자의 오분석에 의해 생긴 것으로 해석할 수도 있다.

따라서 '보', '부'에서의 'ㅸ'은 우선 [w]로 변한 다음에 [w]가 탈락하여 결과적으로 '보', '부'는 각각 '오', '우'가 된다.

5.1.1.4. '비'의 음변화

후기 중세 문헌에 '비'를 가진 형태가 있다. 예를 보면서 분석하도록 하겠다.

(62)

가. 俱夷 뜨덴 **갓가비** 가숩고져 (『釋譜詳節』3:15ㄱ)

나. 각시 쾨노라 눛 **고비** 빗여 (『月印千江之曲』18ㄱ)

다. 곧 알픠 六識이 **멀터비** 境을 알씨니라 (『月印釋譜』11:48ㄱ)

라. ㅸ 如 **사비** 爲蝦 (『訓民正音』解例:56ㄱ)

마. 오히려 讀誦을 **어려비** 너기거니와 (『月印釋譜』1序:23ㄴ)

(63)

가. 그 사ᄅ미 **갓가이** 나 니거늘 (『法華經諺解』2:125ㄴ)

나. **고이** 히오 조ᄒ니로 그 우희 둡고 (『法華經諺解』2:140ㄱ)

다. ㅆ 열 희롤 그슴호ᄆ 너른 혜무로 **멀터이** 보미라 (『楞嚴經諺解』2:7ㄴ)

라. 모ᄃ 水毋둘히 **사이**로 누늘 사마 그 類 ᄀ득ᄒ니라 (『楞嚴經諺解』7:89ㄱ)

마. 二乘의 道 求호미 **어려이** 낫고 (『法華經諺解』3:174ㄴ)

(62)와 (63)을 통해 '비'에서의 'ㅸ'이 탈락되었음을 확인할 수 있다.[77) 'ㅸ'의 탈락과 관련하여 역시 두 가지 가능성이 있다. 하나는

---

77) 15세기 중기 문헌에서는 '-디비'가 확인되고 후대 문헌에서는 '-디위', '-디외' 등 형태가 확인된다. 이기문(1972:45)에서는 이러한 예들을 'βi>wi'의 변화를 겪은 형태로 해석하였다. 후기 중세 한국어에서는 /wi/를 표기한 글자가 없기 때문에 '디위', '디외'

'병'이 활음 [w]가 되고 나서 탈락한 것이고 또 하나는 '병'이 아무 변화를 겪지 않고 바로 탈락한 것이다.

첫 번째 가능성을 보겠다. 이동석(2013:99)에서는 '병'의 음가를 [w]로 재구하고 '빙>이'에 대해 당시 */wi/ 이중모음이 없기 때문에 '병'이 탈락하였다고 주장한 바가 있다. 이러한 논리에 따르면 당시 이중모음 */wʌ/, */wi/가 없어 '병', '브'는 각각 '으', '으'로 변해야 한다. 그러나 앞서 (55), (57)에서 제시한 것처럼 '병', '브'의 후대형은 '으', '으'가 아니고 '오', '우'이다. 따라서 '병'의 탈락 원인에 대해 '병'이 우선 [w]로 변한 다음에 [w]가 탈락한 것으로 해석하기 어렵다.

두 번째 가능성을 보겠다. 김주필(2001: 44-47)에서는 후기 중세 한국어에서 모음 [i]와 대립되는 원순모음이 없기 때문에 '병'의 [순음성]이 후행하는 모음에 아무런 영향을 미치지 못하고 사라진다고 주장하였다. 5.1.1.2에서 양순음인 'ㅂ', 'ㅍ', 'ㅁ', '병'의 [+순음성]은 후행하는 평순모음을 원순모음으로 변하게 할 수 없다고 이미 지적하였다. 또한 현대 한국어의 모음 체계에서 '이 : 위'는 서로 '평순모음 : 원순모음'으로 대립하고 있다. 그러나 'ㅂ', 'ㅃ', 'ㅍ', 'ㅁ'은

형태들이 혼동된 것이라고 덧붙였다. 그런데 이러한 주장이 성립하려면 후기 중세 한국어에서 '-디뷔'의 '병'이 활음 [w]가 되는 원인을 밝힐 필요가 있다.

'-디뷔'가 '-디위', '-디외'로 되는 것에 대해 몇 가지 가능성을 보겠다. 첫째, 결과적으로 '뷔'는 '위' 혹은 '외'로 변하고 '위', '외'에는 활음 [w]가 없다. 만약 '뷔'의 '병'이 탈락되면 '-디뷔'는 '-디이'가 된다. 같은 모음이 연쇄하게 되면 음절수가 줄일 가능성이 크고 이를 방지하기 위해 '오', 혹은 '우'가 다시 삽입된다. 둘째, '-디뷔'는 '-되'의 의미를 가지고 있다. 후기 중세 한국어에서의 '되다'는 '드뷔다'이었다. '-디뷔'의 후대형태는 '-디뷔'를 계승하지 않고 '드뷔다'의 영향을 받으면 '-디외'가 되고 '-디외'는 이어서 '-디위'가 된다. 셋째, 후기 중세 한국어에서 '드뷔다'의 활용형 중에는 '드뷔'와 '드뵈'가 있는데 이들의 후대형은 '드이', '드위'이다. 의미상 '드뷔'와 '드뵈'가 비슷하기 때문에 서로 혼동되기 쉽다. '-디뷔'는 이러한 영향을 받으면 '-디외'가 된다.

'이'와 결합하면 각각 [비], [뻬], [피], [미]로 발음되는 것이지 [뷔],
[쀠], [퓌], [뮈]로 발음되지는 않는다. 따라서 김주필(2001)에서 제시된
가능성은 더 생각할 여지가 있다.

앞서 'ㅸ'과 '아', '어', 'ᄋ', '으', '오', '우'의 결합형을 통해 'ㅸ'
의 음변화를 살펴보았다. 이러한 환경에 있는 'ㅸ'은 일차적으로 활
음 [w]로 변했다는 결론을 얻었다. 그러나 '아', '어', 'ᄋ', '으', '오',
'우'는 모두 전설모음이 아니다. '이'는 전설모음이고 이것은 다른 모
음과의 차이점이 된다. '이'는 경구개에서 발음되고 선행하는 모든
자음들을 경구개음으로 변화시킬 수 있다.[78] 따라서 음성적으로 'ㅸ'
은 '이'의 앞에서 [ㅸ]로 발음되지 않고 그의 발음은 구개음화된 [ㅸʲ]
가 된다. [ㅸʲ]는 경구개음이므로 활음 [w]로 변하기 어렵다. 따라서
'비'에서의 'ㅸ'은 아무 변화를 겪지 않고 탈락했을 가능성이 크다.

5.1.2. 'ㅸ'의 음가

본항에서는 'ㅸ'의 음가를 다시 추정하겠다. 'ㅸ'의 음가를 재구하
는 데에 있어 다음과 같은 방법을 선택한다. 가령 C환경에서 분절음
A가 'A→B'라는 음운 현상이 일어난다고 하면 'A→B/C'로 표기한
것이 일반적이다. 'A→B'의 변화 유형, 변화 환경, 변화 원인이 파악
된 상태에서 분절음 A를 통해 분절음 B의 성격을 추정할 수 있다.
물론 'A→B'의 변화 원인, 변화 유형, 변화 환경이 파악된 상태에서
분절음 B를 통해 분절음 A의 성격을 역추정(逆推定)할 수도 있다.

---

78) 현대한국어의 예들은 이호영(1996: 136-137) 참조

5.1.1에서는 'ㅸ'과 관련된 음변화에 대해 살펴보았다. 'ㅸ'은 '아', '어', 'ᄋᆞ', '으', '오', '우'와 결합하면 활음 [w]로 변한 반면에 '이'와 결합하면 탈락한다. 그리고 3장에서 'ㅸ'의 기원을 살펴보았고 'ㅸ' 이 'ㅂ'의 약화된 형태로 'ㅂ'에서 유래하였다는 결론을 얻었다. 5.1.1에서 얻은 결과와 3장에서 얻은 결론을 정리하면 다음과 같다.

(64)
> 가. ㅂ→(ㅸ)→w/ _[-전설성][+모음성]
> 나. ㅂ→(ㅸ)→∅/ _[+전설성][+모음성]

(64)에서 제시한 음변화는 자음의 약화다. 자연언어에서 자음의 약화 유형에 대해 앞서 이미 살펴보았다(예문 44). 음성적으로 'ㅂ'은 무성 파열음이고 활음 [w]는 유성 접근음이다. 그래서 이러한 음변화는 우선 유성음화(44f) 규칙을 적용한 다음에 접근음화(44b) 규칙을 적용하였다. (64)의 음변화를 구체적으로 제시하면 다음과 같다.

(65)
> 가. p(ㅂ)→b→β→β̞(ㅸ)→w/ _[-전설성][+모음성]
> 나. p(ㅂ)→b→β→β̞(ㅸ)→∅/ _[+전설성][+모음성]

(65)에서 제시한 것처럼 'ㅸ'의 가능한 음가는 [b], [β], [β̞] 3가지다. 'ㅸ'은 'A→B/C'에서의 'A'에 해당되고 '활음 [w], ∅'는 'B'에 해당되며 '_[-전설성][+모음성]'과 '_[+전설성][+모음성]'은 'C'에 해당된다. 이러한 경우는 'B'와 'C'를 통해 'A'를 역추정하는 것이다. 활음 [w]의 조음 위치는 양순-연구개이고 'ㅸ'의 조음 위치는 양순이다. 그리고 전설

모음의 조음 위치는 경구개고 비전설모음의 조음 위치는 경구개보다는 연구개와 더 가깝다. 따라서 'ㅸ'은 후행하는 비전설 모음의 영향을 받게 되면 그의 조음 위치는 양순-연구개로 바뀔 것이고 곧 활음 [w]가 된다. 'ㅸ'은 전설 모음과 결합하면 그의 조음 위치는 양순-연구개로 바뀌지 못하고 탈락한 길에 걷게 될 수밖에 없다. [b], [β]는 후설 모음의 영향을 받아 [bʷ], [βʷ] 혹은 [bˠ], [βˠ]가 되지만 이러한 음성들은 활음 [w]와의 거리가 멀다. 그러나 접근음 [β]는 후설 모음과 연쇄하게 되면 발음의 위치가 양순으로부터 양순-연구개로 바뀌게 되고 곧 [w]가 된다. 따라서 'ㅸ'의 음가는 양순 접근음 [β]이었을 가능성이 가장 높다.

5.2. '유성 마찰음' 계열로 본 'ㅸ'의 음가

후기 중세 한국어에서 'ㅸ'과 비슷한 성격을 지닌 표기로 'ㅿ', 'ㅇ'이 있다. 기존 연구에서는 이들을 모두 유성 마찰음소로 해석하고 'ㅸ', 'ㅿ', 'ㅇ'을 통틀어 '유성 마찰음' 계열로 불렀다. 'ㅸ'의 음가를 정확하게 파악하려면 'ㅿ'과 'ㅇ'도 살펴볼 필요가 있다. 본절에서 이루어지는 'ㅿ'과 'ㅇ'에 대한 고찰은 'ㅸ'의 음가를 재구하는 데 도움을 줄 것으로 기대된다.

5.2.1. 'ㅿ'의 음가

4.2.1.1에서는 후기 중세 한자어에서의 'ㅿ'의 음가를 설명한 바가 있고 이러한 'ㅿ'의 음가를 접근음 [j]로 재구하였다. 본항에서는 후기 중세 고유어에서의 'ㅿ'과 관련된 음변화를 살펴봄으로써 'ㅿ'의 음가를 재구하고자 한다.

후기 중세 한국어에서는 '유성음-ㅸ'의 연쇄가 쉽게 확인된다. 우선 '모음-ㅸ'의 연쇄를 살펴보겠다.

(66)
가. 粟村 **조ᄏ불** (『龍飛御天歌』2:22ㄴ)
나. **스ᄀ불** 軍馬를 이길씨 ᄒᆞᄫᅡ 믈리조치샤 (『龍飛御天歌』5:31ㄴ)
다. 도ᄌᆞ기 **셔불** 드더니 (『龍飛御天歌』6:47ㄴ)
라. 내 **풍류바지** ᄃᆞ리고 (『釋譜詳節』24:28ㄴ)
마. 無色界옛 눈므리 **ᄀᆞᄅᆞ비** ᄀᆞ티 ᄂᆞ리다 (『月印釋譜』1:36ㄴ)
바. ᄯᅩ **눈두베** 므거본 둘 아라든 (『蒙山和尙法語略錄』:2ㄴ)
사. 方便力으로 깁 **가ᄫᆞᄃᆡ** 쉬우믈 爲ᄒᆞ야 (『月印釋譜』14:80ㄱ)

(66가)의 '조ᄏ불'은 '조ㅎ[粟]'과 'ᄀᆞ불[村]'이 합친 것으로 분석된다. 같은 원리로 '스ᄀ불'도 '스'와 'ᄀᆞ불[村]'이 합친 것으로 분석될 수 있다. 'ᄀᆞ불'에 대해 여러 견해가 있는데 이동석(2010: 236)은 선행 연구를 나열하면서 'ㅸ'이 합성 과정에서 생겼다고 주장하였다. '셔불'도 '*셔'와 '*블'이 합친 것으로 볼 수 있으며 합성 과정에서 'ㅸ'이 생긴 것이다. '풍류바지'는 '풍류[음악]'와 '바지[匠]'가 합친 것으로, 'ᄀᆞᄅᆞ비'는 'ᄀᆞᄅᆞ[粉]'와 '비[雨]'가 합친 것으로 분석될 수 있다. (66바)

에서 '눉두베'는 '눈[眼] + ㅅ + 두베'로 분석되고 '두베'도 '*둡-[蓋]
+ -에'로 분석된다. 이동석(2010: 239)은 'ᄀᆞᆯ본딕'를 'ᄀᆞᆯ본-'과 '-딕'
가 합친 것으로 해석하고 'ᄀᆞᆯ본'을 '*ᄀᆞᆸ[中間]- + -은(관형어미)'로 다
시 분석하였다.

위에서 분석한 바와 같이 '붕'은 형태소와 형태소가 결합하는 과정
에서 생긴 것이고 'ㅂ'으로 소급할 수 있다. 5.1.2에서 이미 언급했듯
이 이러한 현상은 자음의 약화로 볼 수 있다. 그리고 '붕'의 앞에 모
두 모음이 있다. 따라서 모음은 후행하는 'ㅂ'을 '붕'으로 약화시킬
수 있다.

계속해서 '활음-붕'의 연쇄를 살펴보자.

> (67)
> 가. 몰 우흿 **대버믈** 혼 소ᄅᆞ로 티시며 (『龍飛御天歌』9:39ㄱ)
> 나. 竹田 **대받** (『龍飛御天歌』5:26ㄱ)
> 다. 淵遷 **쇠벼ᄅᆞ** (『龍飛御天歌』3:13ㄴ)
> 라. 올ᄒᆞᆫ녁 **메밧**고 올혼 무릅 ᄭᅮ러 (『月印釋譜』10:44ㄴ)
> 마. 萍邊洞 **지벽**골 (『龍飛御天歌』1:49ㄴ)

(67가), (67나)를 보면 '대범'은 '대[大]'와 '범[虎]'이 합친 것으로,
'대받'은 '대[竹]'와 '받[田]'이 합친 것으로 분석할 수 있다. 류재영
(1974: 203)은 '쇠벼ᄅᆞ'를 '소ᄒᆞ[淵] + -ㅣ(관형격조사) + *벼ᄅᆞ[遷]'로
분석하였다. '메밧다'는 승려가 가사를 왼쪽 어깨에서 오른쪽 겨드랑
이 밑으로 걸쳐 입는다는 의미를 가지고 있다. 이동석(2008: 83-84)은
'메밧다'에 대해 '어깨에 걸치다'라는 의미의 '메다'와 '옷을 걸치지
않다'라는 의미의 '밧다'가 합친 것으로 해석하였다. '지벽'은 역시

'지[淸] + 벽[甓]'으로 분석된다.

(67)에서 제시된 예를 보면 이때의 'ㅸ'도 형태소와 형태소가 결합하는 과정에 생긴 것이고 'ㅸ'의 앞에 활음 [j]가 있다. 따라서 활음 [j]는 후행하는 'ㅂ'을 'ㅸ'으로 약화시킬 수 있다.

또한 후기 중세 문헌에서 'ㄹ-ㅸ'의 연쇄도 확인된다.

(68)

가. 北道애 보내어시눌 **글발**로 말이숩ᄫᆞ들 (『龍飛御天歌』 4:24ㄴ)

나. 彩는 빗난 **필빅**이라 (『釋譜詳節』 23:38ㄱ)

다. 두루 **돌ᄫᅩ**며 붓그려 ᄒᆞ더라 (『釋譜詳節』 3:8ㄱ)

라. 그 고지 **ᄂᆞ올ᄫᅳᆰ**고 貴ᄒᆞᆫ 光明이 잇더라 (『釋譜詳節』 11:31ㄴ)

'글발'은 '글 + 발(가늘고 긴 모양)'로 분석될 수 있다. '필빅'은 '필(匹) + 빅[帛]'으로 분석된다. '돌보다'는 '돌다'와 '보다'가 합친 것으로 볼 수 있다. 남광우(1997: 345)에서는 'ᄂᆞ올ᄫᅳᆰ다'를 'ᄂᆞ올'과 'ᄇᆞᆰ다'의 복합어로 해석하였다.

위에서 제시한 것처럼 이때의 'ㅸ'은 형태소와 형태소가 결합하는 과정에서 생긴 것이고 'ㅸ'의 앞에 유음인 'ㄹ'이 있다. 따라서 'ㄹ'은 후행하는 'ㅂ'을 'ㅸ'으로 약화시킬 수 있다. 'ㄹ'은 자음이지만 위와 같은 약화 현상을 볼 때에 후기 중세 한국어의 'ㄹ'은 모음적인 성격이 강하다고 할 수 있다.

한편, 같은 시기에 'ㅿ-ㅸ'의 연쇄도 있다.

(69)

가. 跋提 말이 긔 아니 **웃ᄫᅳ**니 (『月印釋譜』7:1ㄱ)

나. 跋提 말이 긔 아니 **웃ᄇ**니 (『月印千江之曲』上:64ㄴ)

다. 오늞 나래 내내 **웂ᄇ**리 (『龍飛御天歌』3:16ㄱ)

라. 그낤 말이 내내 **웃ᄇ**리 (『月印釋譜』20:61ㄱ)

(69가)와 (69나)는 같은 내용이지만 '웃ᄇ-', '웂ᄇ-' 두 형태를 확인할 수 있다. (69다)와 (69라)에서는 '웃ᄇ-' 형태를 확인할 수 있다. '웃ᄇ-'는 '웂[笑]- + -브-(접사)'로 분석될 수 있다. 따라서 'ㅿ'은 후행하는 'ㅂ'을 'ㅸ'으로 약화시킬 수 있다. '웃ᄇ-'의 경우는 'ㅿ'을 'ㅅ'으로 표기했을 뿐이라고 생각한다. 후기 중세 한국어에서도 이와 비슷한 예를 확인할 수 있다.

(70)

가. 肝肺를 **잇브**게 ᄒ노니 (『杜詩諺解』3:49ㄱ)

나. 喜는 **깃블**씨니 (『釋譜詳節』9:6ㄴ)

다. 우리돌히 至極 **ᄀ자ᄇ**고 (『月印釋譜』14:76ㄱ)

'잇브-'는 '잋-[勞] + -브-'로, '깃브-'는 '깄-[喜] + -브-'로, 'ᄀ자ᄇ-'는 'ᄀ잦-[勞] + -ᄇ-'로 분석될 수 있다. 『훈민정음』종성해에서 "然ㄱㅇㄷㄴㅂㅁㅅㄹ 八字可足用也 如빗곶爲梨花 엿의갖爲狐皮 而ㅅ字可以通用"이라는 기록이 있다. 이 기록은 (70)의 표기 현상을 설명하는 데 도움이 된다.

후기 중세 한국어에서 폐쇄음 뒤에서는 평음이 경음화하지 않았던 것으로 보이지만 마찰음 'ㅅ' 뒤에서는 평음이 경음화했던 것으로 보인다. 예를 보겠다.

(71)

　가. 엇뎨 羅睺羅롤 **앗기**ᄂᆞ다 (『釋譜詳節』6:9ㄱ)

　나. 오래 안자셔 곳다온 쁠 **앗끼**노라 (『杜詩諺解』23:32ㄴ)

　(71)에서 보는 바와 같이 'ㅅ 종성' 뒤에 후행하는 평음이 경음화했던 것을 알 수 있다. 종성에 있는 'ㅿ'이 'ㅅ'으로 표기되기도 했지만 음운현상을 통해 'ㅿ'인지 'ㅅ'인지를 파악할 수 있다.

　계속하여 다른 예를 보기로 한다.

(72)

　가. 便安케 ᄒᆞ야 **엿봐** 便을 得훓 거시 업긔 호리이다 (『釋譜詳節』21:51ㄴ)

　나. 天魔ㅣ **엿와** 그 便을 得호미오 (『楞嚴經諺解』10:41ㄱ)

　다. 시름ᄒᆞ야셔 노피 새 디나가몰 **여ᅀᅥ보**노니 (『杜詩諺解』10:36ㄴ)

　라. 窓ᄋᆞ로 **여ᅀᅥ** 지블 보니 (『楞嚴經諺解』5:72ㄱ)

　'엿보-'와 '엿와-'를 통해 '*엿보-' 형태를 재구할 수 있다. '*엿보-'는 '엿- + 보-'로 분석될 수 있다. '엿보다'는 통사적인 합성어 '여ᅀᅥ보다(72다)'가 공존하며 '엿다'가 '[窺]'의 의미로 사용된 예가 있어 (72라) 역시 합성용언으로 보는 것이 좋다.

　이상으로 'ㅿ-병'의 연쇄를 살펴보았다. 'ㅿ'은 후행하는 'ㅂ'을 '병'으로 약화할 수 있다는 결론을 얻었다.

　그러나 후기 중세 문헌에서 유성음인 비음은 '병'과의 연쇄가 확인되지 않는다.

(73)

가. 三田渡 **삼밧**개 (『龍飛御天歌』3:13ㄴ)

나. 按板灘 **안반**여흘 (『龍飛御天歌』3:13ㄴ)

위에서 보듯이 비음 뒤에 후행하는 'ㅂ'은 'ㅸ'으로 실현되지 않고 그대로 실현됨을 확인할 수 있다. 후기 중세 한국어에서 '비음-ㅸ'의 연쇄를 찾기 어렵고 '비음-ㅂ'의 연쇄도 많지 않다. 한편 후기 중세 한국어에서 'ㄱ'이 'ㅇ([ɦ] 혹은 [ɯ])'[79]으로 실현되는 예들이 있는데 이러한 음운현상도 약화로 볼 수 있다. 예를 보겠다.

(74)

가. 梨浦 비**애** (『龍飛御天歌』3:13ㄴ)

나. 沙峴 몰애**오**개 (『龍飛御天歌』9:49ㄴ)

다. 楸洞 ㄱ래**올** (『龍飛御天歌』10:19ㄴ)

(75)

가. 蛇浦 ㅂ얌**개** (『龍飛御天歌』3:13ㄴ)

나. 圍仍浦 어싱**개** (『龍飛御天歌』1:31ㄴ)

다. 鎭浦 딘**개** (『龍飛御天歌』3:15ㄴ)

(74)에서 제시한 것과 같이 '개', '고개', '골'은 활음 뒤에 각각 '애', '오개', '올'로 실현된다. 그러나 비음 뒤에 있는 '개'는 '애'로 실현되지 않았다. (74), (75)를 통해 비음은 후행하는 'ㄱ'을 'ㅇ'으로 약화시킬 수 없다는 것을 알 수 있다. 한편 현대 한국어에서 모음 사이에 있는 'ㅂ'은 수의적 마찰음화가 일어나지만 '비음-모음' 환경에

---

79) 'ㅇ'의 음가에 대한 구체적인 설명은 5.2.2 참조

있는 'ㅂ'은 수의적 마찰음화가 일어나지 않는다. 그리고 김한별 (2012: 32-33, 41-42)은 '봉'을 가진 단어를 조사하였는데, 그 단어들을 보면 '봉' 앞에 있는 분절음이 비음인 경우가 없다. 이러한 측면을 볼 때에 후기 중세 한국어에서 비음은 후행하는 'ㅂ'을 '봉'으로 약화시킬 수 없다는 결론을 내릴 수 있다.

앞서 '유성음-봉'의 연쇄에 대해 살펴보았는데 일부 유성음 뒤에 후행하는 'ㅂ'이 '봉'으로 실현되고 이러한 음운 현상은 자음의 약화로 볼 수 있다. 약화는 분절음의 공명도가 높아지는 것이다.[80]

〈표 13〉 공명도 척도

index	sound
6	모음(vowel)
5	접근음(approximent)
4	유음(liquid)
3	비음(nasal)
2	마찰음(fricative)/파찰음(affricate)
1	폐쇄음(plosive)

〈표 13〉에서 나열한 것처럼 분절음의 공명도는 '모음 > 접근음 > 유음 > 비음 > 마찰음/파찰음 > 파열음'의 순으로 낮아진다. 앞서 분석한 것처럼 후기 중세 한국어에서 모음, [j] 활음, 'ㄹ'의 뒤에 'ㅂ' 이 오면 각각 '모음-봉', '[j] 활음-봉', 'ㄹ-봉'으로 실현된다. 그리고 문헌에서 '비음-봉'의 연쇄가 확인되지 않기 때문에 비음은 후행하

---

80) R.L.Trask, 編譯組 譯(2000: 150)에서 자음의 약화에 대해 설명하였다.

는 'ㅂ'을 'ㅸ'으로 약화시키는 힘이 없다고 생각한다. 만약 'ㅿ'을 유성 마찰음으로 해석하면 비음보다 더 낮은 공명도를 가진 'ㅿ'도 후행하는 'ㅂ'을 'ㅸ'으로 약화시킬 수 없을 것이다. 그러나 사실은 그렇지 않고 'ㅿ'은 후행하는 'ㅂ'을 'ㅸ'으로 약화시킬 수 있다. 따라서 'ㅿ'을 유성 마찰음으로 해석해도 되는지를 의심하게 된다. 분절음의 공명도 척도는 'ㅿ'이 비음보다 더 높은 공명도를 가진 유음이나 접근음이었음을 암시한다.

(44)에서 자음 약화의 유형을 나열하였는데 '마찰음 > 접근음'의 약화 유형(44b)이 확인된다. 분절음의 공명도 척도와 자음 약화의 유형을 모두 고려할 때 'ㅿ'은 치조 접근음 [ɹ]이었다는 최종 결론을 얻을 수 있다.

한자어에 있는 'ㅿ'의 음가와 고유어에 있는 'ㅿ'의 음가는 차이가 있다. 한자어에 있는 'ㅿ'은 항상 [i] 모음, 활음 [j]와 결합하므로 이러한 'ㅿ'은 구개음화를 겪은 것으로 볼 수 있다. 이러한 짝은 한어 방언에서도 확인할 수 있다. 무한(武漢) 젊은이들은 일모를 [ɹ]로 발음하고[81] '若', '弱'을 비롯한 활음 [j]를 가진 단어는 [jo]로 발음된다.[82] 이에 대해 [ɹ]는 구개음화되어 접근음 [j]가 되고 나서 후행하는 모음과 융합하지 못하기 때문에 탈락한 것으로 본다.[83]

이상으로 'ㅿ'의 음가를 간단하게 설명하였다. 표로 정리하면 다음과 같다.

---

81) 北京大學中國語言文學系語言學敎硏室 編, 王福堂(2003: 13) 참조.
82) 北京大學中國語言文學系語言學敎硏室 編, 王福堂(2003: 39) 참조.
83) 北京大學中國語言文學系語言學敎硏室 編, 王福堂 (2003: 13)에서 제시된 무한(武漢) 방언의 음운체계에 의거하면 무한(武漢) 방언에 [jj-]로 시작된 운모가 없다는 것을 알 수 있다.

〈표 14〉 후기 중세 한국어에서 'ㅿ'의 음가

시기	[i], [j] 환경	기타 환경
후기 중세 한국어	j	ɹ

5.2.2. 'ㅇ'의 음가

앞서 'ㅇ'의 음가에 대해 선행 연구에서 주로 유음가설, 무음가설 2가지가 있다는 것을 설명한 바가 있다.

무음가설에 따르면 'ㅇ'은 음가가 없다. 'ㅿ'의 음가가 접근음이었다는 것을 고려하면 이들의 성격과 비슷한 'ㅸ'의 음가도 접근음일 가능성이 높다.

유음가설에 따라 'ㅇ'에 대해 살펴보겠다. 유음가설은 후기 중세 한국어의 'ㅇ'을 유성 후두 마찰음 [ɦ]로 재구하는 것이다. 이러한 'ㅇ'은 현대 한국어의 'ㅎ'과 비교할 수 있다. 현대 한국어의 'ㅎ'은 유성음 사이에서 [ɦ]로 실현될 수 있다. 따라서 유성음 사이에 위치한 'ㅎ'은 후기 중세 한국어에서 추정된 'ㅇ'의 음가와 같다고 말할 수 있다. 현대 한국어에서 유성음 사이에 위치한 'ㅎ'은 수의적 탈락 현상도 일어난다.

(76)
가. 외할머니[외**할**머니], 간혹[간**혹**], 영향[영**향**], 잘하다[잘**하**다]
나. 외할머니[외**알**머니], 간혹[가**녹**], 영향[영**양**], 잘하다[자**라**다]

(76)에서 보듯이 공명음 사이에 놓인 'ㅎ'은 쉽게 탈락한다. 이러한

음운현상은 필수적인 음운현상이 아니므로 'ㅎ 탈락'을 적용한 발음
과 적용하지 않은 발음을 모두 관찰할 수 있다. 문제는 '잘하다'이다.
'잘하다'를 [잘하다]로 발음하는 경우, 종성에 있는 'ㄹ'은 설측음으
로 실현되어야 한다. 그러나 음성 실험을 통해 얻은 결과는 예측과
다르다.

〈표 15〉 [자라다]와 [잘하다]의 스펙트로그램[84]

발음	스펙트로그램
자라다	
잘하다	

<표 15>에서 제시한 음성 실험의 결과를 보면 '잘하다'를 [잘하
다]로 발음할 때에 'ㄹ'은 설측음으로 실현되는 것이 아니라 탄설음
으로 실현된다. 결국 [자라다]의 'ㄹ'과 [잘하다]의 'ㄹ'은 모두 탄설
음으로 실현된다. 그리고 [잘하다]와 [자라다]의 차이는 후행하는 모
음의 시작 부분에서 관찰되고 [잘하다]의 둘째 음절 [하]는 그 시작

84) 스펙트로그램은 신지영(2011:295)에서 가져온 것이다.

부분에서 [ㅎ]가 실현되면서 고주파수 영역에서의 에너지 감소가 관찰된다.[85] 현대 한국어에서 'ㄱ', 'ㄷ', 'ㅂ', 'ㅈ'은 'ㅎ'과 결합하면 각각 'ㅋ', 'ㅌ', 'ㅍ', 'ㅊ'이 된다. 그러나 유음, 비음과 'ㅎ'의 융합이 허용되지 않는다. 그래서 'ㄹ-ㅎ'의 연쇄, '비음-ㅎ'의 연쇄 중에 있는 'ㅎ'은 음절에서 가능한 음운지위는 활음이다.[86]

그리고 무성 성문 마찰음 [h]를 무성 모음으로 보는 견해도 있다.[87] 성문 마찰음의 음가는 후행하는 모음에 따라 다르다. 예를 들어 [h]는 [hu]에서 [u̥]로 실현된다. 유성음 [ɦ]의 마찰 강도가 무성음 [h]보다 더 약하다는 측면을 고려하면 [ɦ]를 아주 약한 자음으로 해석할 수도 있지만 모음의 성격을 가지고 있는 것으로 해석해도 별 문제가 없다.

한편, 'ㅇ'의 음가에 대하여 [ɦ]뿐만 아니라 다른 가능성도 존재한다. 후기 중세 한국어에서 적극적 기능을 수행하는 'ㅇ'은 'ㄱ>∅'의 한 단계이다. 이러한 변화도 역시 약화이고 (44)에서 제시된 약화 유형을 이용해서 이를 세분화하면 다음과 같다.

(77)
가. $k \rightarrow g \rightarrow \gamma \rightarrow ɦ \rightarrow \emptyset$
나. $k \rightarrow g \rightarrow \gamma \rightarrow ɯ \rightarrow \emptyset$

선행 연구는 'ㅇ'의 음가를 추정하는 데에 주로 (77가)의 변화를 선택하였다. 그러나 (77나)도 논리적으로 가능하다. 그리고 후기 중

---

85) 구체적인 내용은 신지영(2011: 295-296) 참조.
86) 차재은 · 정명숙 · 신지영(2003: 780-781)에서는 음성 실험을 통해 'ㄹ-ㅎ'의 연쇄, '비음-ㅎ'의 연쇄에 있는 'ㅎ'의 음운 자격을 활음으로 해석하였다.
87) 이러한 주장은 P.Ladefoged and I.Maddieson(1996: 325)에서 확인된다.

세 한국어에서는 'ㆆ'의 음가를 [h]로 재구하는 것이 일반적이다. 만약 'ㅇ'의 음가가 [ɦ]이었다면 유성음 환경에서는 'ㆆ'과 'ㅇ'은 서로 혼동되는 현상이 일어났을 가능성이 크다. 그러나 이러한 혼동은 확인되지 못하므로 'ㅇ'의 음가가 [ɦ]이었다는 주장을 다시 생각할 여지가 있다.

선학들은 'ㅇ'이 후음 계열에 속한 것을 증거로 삼아 그의 음가를 후두음(glottal)인 [ɦ]로 재구하는 경향이 있다. 그러나 『훈민정음』의 칠음(七音) 체계는 중국 운서를 따른 것이고 중국 운서의 후음은 꼭 성문음이 아니다.[88] 그리고 『훈민정음』에서는 다음과 같은 기록이 확인된다.

(78)
가. ㆁㄴㅁㅇㄹㅿ爲不清不濁. (ㆁㄴㅁㅇㄹㅿ은 불청불탁이 된다.)[89] (『訓民正音』解例:3ㄴ)

나. 唯牙之ㆁ, 雖舌根閉喉聲出鼻, 而其聲與ㅇ相似. (다만 어금닛소리의 ㆁ만은 비록 혀뿌리가 목구멍을 닫아서 소리의 기운이 코로 나오지만 그 소리가 ㅇ과 비슷하다.) (『訓民正音』解例:3ㄴ)

'청탁(清濁)'은 중국 성운학의 개념이다. 초기 운도(韻圖)인 『운경(韻鏡)』에서는 성모를 '청', '차청', '탁', '청탁'으로 분류하였다. 『사성등자(四聲等子)』에서는 '청'과 '탁' 앞에 '전(全)'자를 붙여 '전청', '전탁'으로 표기하고 '청탁'을 '불청불탁'으로 표기하였다. 『훈민정음』에서는 청탁에 의한 초성자를 '전청', '차청', '전탁', '불청불탁'으로 나누었

---

88) 曉母[x], 匣母[ɣ]는 후음이지만 연구개 마찰음으로 해석되는 것이 일반적이다.
89) 훈민정음과 관련된 번역문은 강신항(2003b)을 참조하였다.

는데 『사성등자』의 용어를 그대로 사용하고 있다. 『사성등자』에서는 '사모(邪母)', '선모(禪母)'를 비롯한 유성 마찰음을 '반청반탁(半淸半濁)'으로 분류하였다.

성운학 관점으로 볼 때 성모는 성대의 진동 여부에 따라 청, 탁으로 나뉜다. 즉 발음할 때 성대가 진동하지 않는 상태에서 산출되는 소리는 청음이고 성대가 진동하여 산출하는 소리는 탁음이다. 청음은 [기식성]의 유무에 따라 다시 전청, 차청으로 나뉠 수 있고 탁음은 [공명성(共鳴性)] 자질이 있느냐에 따라 전탁, 불청불탁으로 나뉠 수 있다. 전탁은 [-공명성] 자질을 가지고 있는 장애음이고 불청불탁은 [+공명성] 자질을 가지고 있는 공명음이다. 이러한 논리와 (78가)를 고려할 때 'ㆁ'은 [+공명성] 자질을 가지고 있는 분절음으로 추정된다.

(78나)를 통해 'ㆁ([ŋ])'과 'ㆁ'의 차이점 그리고 음성적으로 'ㆁ'과 'ㆁ'이 유사하다는 점을 알 수 있다. 두 분절음의 조음위치와 조음방법이 비슷해야 음성적으로 유사하다고 할 수 있다. 'ㆁ'은 연구개 공명음이기 때문에 'ㆁ'도 연구개 공명음일 가능성이 크다. 그리고 'ㆁ'과 'ㆁ'의 차이점인 '설근폐후(舌根閉喉)'[90]와 '성출비(聲出鼻)'는 연구개 비음을 의미한다. 그리고 연구개 공명자음은 연구개 비음, 연구개 유음, 연구개 접근음이 있다. (78나)를 통해 'ㆁ'의 음가는 연구개 유음, 혹은 연구개 접근음으로 추정할 수 있다.

방언 자료를 통해 'ㆁ'의 음가를 보겠다. 백두현(1992:367)은 영남 문헌어를 검토하면서 '모용, 목용(沐浴)', '비운(白雲)', '구왕, 구왕님(國

---

90) '舌根閉喉'는 단순히 연구개음을 가리키는 것이 아니다. '閉'는 '폐쇄'의 의미를 가지고 있기 때문에 '舌根閉喉'를 연구개 폐쇄음으로 해석해야 한다.

王님)', '노양방초(綠楊芳草)', '셔양(夕陽)' 등 예를 'ㄱ탈락어'로 제시하였
는데 이러한 예들이 'k>g>ɣ>∅'의 과정을 거쳐 사라졌다고 해석하
였다. 여기서 주목할 만한 점은 'ㄱ'이 성문음이 되지 않고 연구개음
을 유지한 채 사라졌다는 것이다. 소신애(2013)에서는 방언 구술 발화
자료를 통해 전남 방언과 경남 방언의 'ㄱ탈락'을 살펴보았다. 전남
방언에서는 'ㄱ>h(또는 ɦ)'가 관찰되지만 대부분은 'ㄱ>ɣ(또는 ɰ)' 방
향의 변화가 보인다고 하며 경남 방언에서는 'ㄱ>h(또는 ɦ)'와 'ㄱ>ɣ
(또는 ɰ)' 방향의 변화가 모두 보인다고 하였다. 그리고 전남 방언과
경남 방언에서는 'ㄱ'과 대응되는 [ɰ]가 존재한 점도 주목할 만한 점
이다. 이러한 방언 자료가 확인되므로 'ㄱ>∅'를 'k→g→ɣ→ɰ→∅'
로 해석하는 점, 'ㅇ'의 음가가 [ɰ]이었다는 점은 문제가 없다고 판단
된다.

이상으로 'ㅇ'의 음가를 살펴보았다. 선행 연구에서는 'ㅇ'의 음가
를 후두 마찰음 [ɦ]로 재구하였다. 이 책에서는 이러한 [ɦ]를 아주 약
한 자음으로 보고 그의 음운론 지위는 활음으로 해석하였다. 뿐만 아
니라 'ㅇ'의 음가에 대해 [ɦ]가 아닌 또 다른 가능성을 제기하였다.
즉 'ㅇ'의 음가는 연구개 접근음 [ɰ]이었을 것이다. 'ㅿ'은 접근음으로
해석되고 'ㅇ'도 활음 성격을 지닌 [ɦ] 혹은 연구개 접근음 [ɰ]로 설
명되므로 이들의 성격과 비슷한 'ㅸ'의 음가도 양순 접근음 [β]로 해
석될 가능성이 있다.

5.3. 문헌 기록으로 본 'ㅸ'의 음가

본절에서는 문헌 기록을 통해 'ㅸ'의 음가를 살펴보겠다. 주로 『훈민정음』의 기록, 외국어 표기 문헌을 고찰하겠다.

5.3.1. 『훈민정음』으로 본 'ㅸ'의 음가

본항에서는 『훈민정음』에서 'ㅸ'에 대한 기록을 통해 'ㅸ'에 대해 살펴보도록 하겠다. 우선 예문을 보기로 한다.

(79)

가. ㅇ連書脣音之下, 則爲脣輕音. (ㅇ을 입술소리 아래 이어 쓰면 입술 가벼운 소리가 된다.) (『訓民正音』例義:3ㄴ)

나. ㅇ連書脣音之下, 則爲脣輕音者, 以輕音脣乍合而喉聲多也. (ㅇ글자를 입술소리 아래 이어 쓰면 입술 가벼운 소리 글자가 되는 것은 순경음은 가벼운 소리로서 입술을 잠깐 합하였다가 산출하는 소리인데 목구멍소리가 많게 조음한다.) (『訓民正音』解例:4ㄴ)

순경음에 대한 『훈민정음』 예의, 해례의 설명은 각각 (79가), (79나)에서 제시되었다. 다른 자모의 음가를 설명할 때에 "如...初發聲", "如...中聲"의 식으로 되어 있다. 하지만 'ㅸ'을 단독적으로 소개하지 않고 순경음 계열을 묶어 같이 설명하였다. 이 점은 'ㅸ'과 다른 자모의 차이다.

이러한 차이가 나타나는 원인을 보겠다. 『훈민정음』은 중국 운서의 칠음(七音) 체계에 따른 것이다. 칠음 체계 속에 순음이 있는데 순음은 중순음(重脣音)과 경순음(輕脣音)이 있다. 체계적으로 운서의 경순음과 대응된 계열이 필요하므로 세종은 순경음 계열을 만들었을 것이다.91) 순경음 계열에는 'ᄫ'뿐만 아니라 'ᄬ', 'ᅗ', 'ᄝ'도 있다. 고유어를 표기할 때에 'ᄫ'만 필요하고 'ᄬ', 'ᅗ', 'ᄝ'은 필요하지 않다. 다른 자모처럼 "如...初發聲"의 음가 설명 방식을 선택하면 'ᄫ'의 음가만 설명했을 가능성이 높다. 이렇게 되면 『훈민정음』의 순경음 체계가 무너지게 된다. 따라서 세종은 체계성을 유지하기 위해 순경음들을 묶어 설명하였다.

그런데 순경음들을 묶어서 소개하면 4개의 자모를 모두 설명하는 것이다. 앞서 언급한 것처럼 고유어를 표기할 때 'ᄬ', 'ᅗ', 'ᄝ'은 불필요한 요소다. 이에 대한 세종의 추가 설명은 용자례에서 확인할 수 있다.

(80)
ᄫ 如 사ᄫᅵ 爲蝦 드ᄫᅵ 爲瓠 (『訓民正音』解例:25ㄱ)

용자례에서는 'ᄫ'의 예만 확인되고 'ᄬ', 'ᅗ', 'ᄝ'의 예들은 확인되지 않는다. 세종은 이런 식으로 고유어를 표기할 때 'ᄫ'만 필요하고 'ᄬ', 'ᅗ', 'ᄝ'이 필요하지 않다는 규칙을 말해준다.

계속해서 'ᄫ'의 음가를 보겠다. 'ᄫ'은 "以輕音脣乍合而喉聲多也"로 설명되므로 '경음(輕音)', '순사합(脣乍合)', '후성다(喉聲多)'를 차례로 살펴보겠다.

우선 '경음(輕音)'의 의미를 보자.

---

91) 구체적인 논의는 6.2 참조

(81)

가. 如入聲之彆字, 終聲當用ㄷ, 而俗習讀爲ㄹ, 盖ㄷ變而爲輕也. (입성 彆
　　자와 같은 것도 종성에 마땅히 ㄷ음을 써야 할 것인데 일반적인 습
　　관으로 ㄹ음으로 읽으니 대개 ㄷ음이 변해서 가볍게 된 것이다.) (『訓
　　民正音』解例:19ㄱ)

나. 半舌有輕重二音, 然韻書字母唯一, 且國語雖不分輕重, 皆可成音. 若欲
　　備用, 則依脣輕例, ㄹ連書ㅇ下, 爲半舌輕音, 舌乍附上齶. (반설음에도
　　경과 중 두 가지 음이 있으나 중국 운서의 자모에서는 이를 구별하
　　지 않고 하나로 하였고, 또한 한국어에서도 경과 중을 나누지 아니
　　하나 모두 소리를 이룰 수 있다. 그러니 만약에 갖추어서 쓰고 싶으
　　면 순경음의 예를 좇아 ㅇ를 ㄹ의 아래에 이어 써서 반설경음을 만
　　들고 혀를 잠깐 윗잇몸에 닿도록 해서 발음한다.) (『訓民正音』解
　　例:22ㄴ)

　(81가)를 통해 종성에 있는 'ㄷ'은 원래 '중음(重音)'에 해당되는데 'ㄹ'로 바뀌면 '경음(輕音)'이 된다는 것을 알 수 있다. 종성에 있는 'ㄷ'의 음가, 'ㄹ'의 음가는 각각 치조 폐쇄음 [t], 치조 탄설음 [ɾ]로 보는 것이 일반적이다. 조음적으로 폐쇄음은 폐쇄가 지속되는 반면에 탄설음은 혀끝으로 치경을 한 번 두드린 다음 떼어 내는 소리이다.[92] 치조 폐쇄음 [t]와 치조 탄설음 [ɾ]의 차이는 [공명성(共鳴性)]의 유무와 폐쇄의 시간인데 이들은 모두 자음의 강도와 관련된다. 다시 말하자면 '중음'은 자음성이 강한 소리이고 '경음'은 자음성이 약한 소리이다.

　반설음 중에도 '경음'과 '중음'이 있다. (81나)를 통해 설측음은 '중음'이고 탄설음은 '경음'인 것을 알 수 있다. 설측음을 조음할 때 혀

---

92) 구체적인 설명은 강옥미(2011:63) 참조

끝이 치경에 접착하고 구강중앙부는 폐쇄되고 비강으로 가는 공기의 흐름도 차단되나, 구강의 양 측면으로 공기가 빠져나간다. 설측음과 탄설음은 모두 [+공명성] 자질을 가진 분절음으로 유음에 속한다. 다만 자음의 강도 측면을 볼 때 설측음은 탄설음보다 약간 강하다. 이는 『훈민정음』의 설명과 일치한다. 'ㄷ : ㄹ'의 대립, '설측음 : 탄설음'의 대립은 모두 '중음 : 경음'의 대립인 것으로 보아 『훈민정음』에서의 '경음'과 '중음'은 절대적인 개념이 아니고 상대적인 개념이었을 것이다.

다음 '순사합(脣乍合)'의 의미를 살펴보겠다. 『훈민정음』에 '사(乍)'자가 세 번 나타난다. 그 중에서 두 번은 '순사합(脣乍合)'이고 다른 한 번은 '舌乍附上齶(설사부상악)'이다. '사(乍)'자는 순경음, 반설경음을 설명할 때 쓰였는데 '잠깐'의 의미를 가지고 있다.

『훈민정음』 해례에 '합(合)'자가 35번 나타난다. 대표적인 예를 골라 살펴보겠다.

(82)
  가. 故合諸四時而不悖. (고로 사철에 어울려 보아도 어그러짐이 없다.) 『訓民正音』解例:19ㄱ)

  나. 脣方而合, 土也. (입술은 모나고 합하니 토에 해당한다.) 『訓民正音』解例:19ㄱ)

  다. 其形則·與一合而成. (그 모양은 ·와 ㅡ가 어울려서 이루어진 것이다.) 『訓民正音』解例:19ㄱ)

  라. 陰陽交合之初, 故闔. (음과 양이 서로 사귀어 어울리는 시초이기 때문에 닫혀진다.) 『訓民正音』解例:19ㄱ)

  마. 二五之精, 妙合而凝. (이오의 정이 미묘하게 어울리어 엉기어서) 『訓

民正音』解例:19ㄱ)

바. 以初中終合成之字言之. (초성 중성 종성 글자가 어울려 이루어진 글
자로 말한다.) (『訓民正音』解例:19ㄱ)

사. 初終合而成音. (초성과 종성이 어울려서 음을 이루니) (『訓民正音』解
例:19ㄱ)

아. 象取天圓合地平. (하늘의 둥긂과 땅의 평평함을 아울러 취한다.) (『訓
民正音』解例:19ㄱ)

자. 中聲者, 居字韻之中, 合初終而成. (중성은 자운의 한가운데에 있어서
초성과 종성을 아울러서 음을 이룬다.) (『訓民正音』解例:19ㄱ)

(82)에서 제시한 것처럼 '합(合)'자는 '합하다', '어울리다'의 의미를
가지고 있다. '합하다'는 "여럿이 한데 모이다"의 뜻인데 '순사합(脣乍
合)'은 물론 "입술이 잠깐 다물어"로 해석될 수 있지만 "입술이 잠깐
모여"로 해석될 여지도 없지 않다. 따라서 'ㅸ'은 입술이 잠깐 다물
었다가 산출하는 소리보다 입술이 잠깐 모여서 닫지 않고 산출하는
소리로 생각한다.

마지막으로 '후성다(喉聲多)'를 살펴보자. 'ㅸ'은 연서법(連書法)에 의
해 만든 자모이고 그 음가는 순음인 'ㅂ', 후음인 'ㅇ'과 관련이 있다
고 생각한다. 'ㅂ'은 무성 폐쇄음이고 'ㅇ'은 접근음인데 이들의 차
이는 [공명성]과 관련된다. 그리고 '후성다(喉聲多)'는 'ㅂ'보다 'ㅇ'이
더 많다는 것을 의미한다. 따라서 'ㅸ'은 [-공명성] 자질을 지닌 장애
음보다 [+공명성] 자질을 지닌 공명음일 가능성이 크다.

이상의 내용을 잠깐 정리하자. '중음'과 '경음'은 상대적인 개념이
고 '경음'은 '중음'보다 약한 자음으로 생각한다. 'ㅂ : ㅸ'은 '중음 :
경음'의 대립이다. '경'의 개념을 통해 'ㅸ'의 음가는 폐쇄음보다 약한

마찰음, 비음, 유음, 접근음으로 추정된다. 그리고 '순사합'은 입술이 잠깐 모여서 닫지 않고 산출하는 소리로 해석되고 'ㅸ'은 [-폐쇄성]을 지닌 분절음으로 재구할 수 있다. 따라서 'ㅸ'의 음가는 마찰음, 유음, 접근음으로 추정된다. 한편, '후성다'는 [+공명성] 자질을 지닌 음으로 해석되기 때문에 'ㅸ'의 가능한 음가는 유음과 접근음이다. 유음은 설측음(laterals)과 R음(R-sounds)이 포함되고 주로 치조, 경구개, 연구개 등 위치에서 발음되고 자연언어에는 양순 유음이 흔하지 않다.93) 유음의 가능성도 배제되므로 'ㅸ'의 음가는 양순 접근음 [β̞]로 재구하고자 한다.

5.3.2. 외국어 표기 문헌으로 본 'ㅸ'의 음가

한글은 표음 문자로 한국어뿐만 아니라 외국어를 표기하는 데도 사용되었다. 2.3.3에서 이미 소개한 것처럼 김윤경(1964), 박동규(1985), 권재선(1992), 김종훈(1998), 김무림(1999) 등 학자는 'ㅸ'의 음가를 무성 양순 마찰음 [ɸ]로 재구하였다. 이 주장은 'ㅸ'이 중국 운서의 비모(非母)와 대응하는 것을 증거로 삼고 전청음이었다고 추정하였다. 그리고 2.3.4에서 언급한 것처럼 우민섭(1997: 8-10)에서는 범어의 'va'를 '바'로 음역한 점을 근거로 하여 'ㅸ'의 음가를 유성 순치 마찰음 [v]로 해석하였다. 이처럼 일부 선학들은 외국어 표기 문헌을 통해 'ㅸ'의 음가를 재구하였다. 그런데 중세 한국어와 외국어의 음운 체계가 다를 수 있기 때문에 한국어를 표기하기 위해 쓰인 한글과 외국어를

---

93) 유음에 대한 구체적인 설명은 I.Maddieson(1984: 73-89) 참조

표기하기 위해 쓰인 한글의 음가가 같았다고 단정하는 것은 위험하다.

본항에서는 15세기-16세기[94]의 외국어 표기 문헌을 다시 살펴보고 이러한 자료를 통해 'ㅸ'의 음가를 역추정할 수 있는지에 대해 살펴보기로 한다.

15세기-16세기의 외국어 표기 문헌은 한어 표기 자료, 일본어 표기 자료, 범어 표기 자료로 나뉠 수 있다. 『홍무정운역훈』, 『사성통해』는 한어 표기 자료에 속하고 『번역노걸대』, 『번역박통사』의 좌음·우음은 한어를 표기한 것이기 때문에 이들도 한어 표기 자료에 속한다. 그리고 후기 중세 한국어에서 대표적인 일본어 표기 자료는 『이로파(伊路波)』이다. 한편, 『오대진언』, 『시식권공언해』를 비롯한 문헌에서 범자에 대한 한글 표기가 확인되므로 이들은 범어 표기 자료에 속한다. 그밖에 『석보상절』, 『월인석보』를 비롯한 15세기 중기 문헌에서 진언에 대한 한글 표기도 확인된다.

『훈민정음』을 창제한 후 창제자인 세종대왕은 한음(漢音)을 한글로 표기하는 문제에 대하여 지대한 관심을 기울였다. 중국 운서인 『홍무정운』을 대상으로 역훈(譯訓) 작업에 착수하였는데, 이것이 바로 훈민정음이라는 표음문자를 사용하여 정교하게 한어의 소리를 주음(注音)한 한국 운서인 『홍무정운역훈』이다. 『홍무정운역훈』의 성모 체계에 대해 살펴보기로 한다.

---

94) 근대 문헌에도 외국어 표기 문헌이 있는데 중세 시기의 외국어 표기 문헌의 성격과 비슷하기 때문에 근대 시기의 외국어 표기 문헌에 대해 살펴보지 않는다.

〈표 16〉『홍무정운역훈』의 성모 체계

	牙音	舌音	脣音		齒音		喉音	半舌音	半齒音
			重脣音	輕脣音	齒頭音	正齒音			
全淸	見ㄱ	端ㄷ	幇ㅂ	非ㅸ	精ᅎ	照ㅈ	影ㆆ		
次淸	溪ㅋ	透ㅌ	滂ㅍ		淸ᅔ	穿ㅊ	曉ㅎ		
全濁	郡ㄲ	定ㄸ	並ㅽ	奉ᄬ	從ᅏ	牀ᄍ	匣ㆅ		
不淸不濁	疑ㆁ	泥ㄴ	明ㅁ	微ㅱ			喩ㅇ	來ㄹ	日ㅿ
全淸					心ᄼ	審ㅅ			
全濁					邪ᄽ	禪ᄯ			

위에서 한어 성모와 훈민정음 초성자의 대응 관계를 확인할 수 있다. 그러나 이러한 대응 관계를 통해 한글 자모의 음가를 정확히 추정할 수 있는지 의문이다. 요컨대『홍무정운역훈』의 전탁자는 한어의 유성음에 대응되고 유성음으로 해석되지만 후기 중세 한국어의 각자병서자는 된소리로 해석되는 것이 일반적이다. 그리고『홍무정운역훈』에서 'ㅈ', 'ㅅ'을 개조하여 한어의 치두음, 정치음을 표기하지만 이들 개조된 글자는 훈민정음 초성 17자에서 확인되지 않는다. 이처럼『홍무정운역훈』에 나오는 한글 자모의 음가는 당시의 다른 문헌에 나오는 한글 자모의 음가와 같다고 볼 수 없다. 따라서『홍무정운역훈』에서 'ㅸ'은 전청자로 한어의 [f]를 표기한 것인데 이를 증거로 한국어에 쓰이는 'ㅸ'의 음가를 무성음으로 재구하기 어렵다.

1517년에 최세진은『홍무정운역훈』의 음계를 보충하고 자해가 없는『사성통고(四聲通考)』를 보완하여『사성통해(四聲通解)』를 편찬하였다.『사성통해』의 서문에서 한글을 이용하여『광운』의 36자모,『고금운회거요(古今韻會擧要)』의 35자모,『홍무정운』의 31자모를 표기하였다.

그러나 한어 성모를 표기할 때 쓰인 한글 자모와 당시의 일반적인 문헌에 나오는 한글 자모의 음가가 일치할 수는 없다. 이와 관련하여 『사성통고』의 범례에 나오는 다음 기록을 확인해 보자.

(83)

大抵本國之音輕而淺, 中國之音重而深, 今訓民正音出於本國之音. 若用於 漢音, 則必變而通之, 乃得無碍. (대저 우리나라 말의 음은 가볍고 얕으며, 한어의 음은 무겁고 깊은데, 지금 만든 훈민정음은 우리말의 음을 바탕 으로 해서 만든 것이라, 만일에 한음을 나타내는 데 쓰려면 반드시 변화 시켜 써야만 곧 제대로 쓰일 수 있다.) (『四聲通攷』凡例)

위의 내용을 통해 『사성통고』의 자모는 한음을 표기하기 위해 훈 민정음의 자모를 인위적으로 변용시켜 대응한 것을 알 수 있다. 따라 서 『사성통고』에서 쓰이는 자모의 음가(한음의 음가)와 한국 고유어에 서 쓰이는 자모의 음가는 같지 않다.

『번역노걸대』, 『번역박통사』도 최세진이 편찬한 한어 학습 교과서 이다. 『번역노걸대』, 『번역박통사』에서는 한음을 한글로 표기하였고 위치에 따라 '좌음(左音)', '우음(右音)'으로 나뉠 수 있다. 최세진은 '좌 음'을 『사성통고』에서 제정된 글자라고 하였는데,[95] 이를 통해 '좌음' 은 『번역노걸대』, 『번역박통사』에 쓰이기 전에 이미 『사성통고』의 어음 기록에도 사용되었음을 알 수 있다. 그리고 '좌음'은 『홍무정운 역훈』의 속음 기록과 일치하고[96] 한어 성모와 한글의 대응도 <표

---

95) 在左者, 卽通攷所制之字. (좌측에 위치한 글자는 바로 『사성통고』가 만든 글자다.) (『飜 譯老乞大』, 『飜譯朴通事』凡例)

96) 注內只曰俗音者, 卽通攷元箸俗音也. (주 안에 '속음'으로 설명한 것은 원래 『사성통고』 의 속음이다.) (『四聲通解』凡例)

16>과 같다. 따라서 '좌음'에 쓰인 자모의 음가와 훈민정음 자모의 음가는 같다고 할 수 없다.

『사성통해』에서는 '금속음(今俗音)'도 제시하였는데 금속음은 최세진에 의해 만들어진 것이다.[97] '금속음'은 『번역노걸대』와 『번역박통사』의 '우음'과 일치한다. '우음' 체계를 제시하면 다음과 같다.

<표 17> 『번역노걸대』, 『번역박통사』 우음의 성모 체계

| | 牙音 | 舌音 | 脣音 | | 齒音 | 喉音 | 半舌音 | 半齒音 |
			重脣音	輕脣音				
全淸	ㄱ	ㄷ	ㅂ	ㅸ	ㅈ			
次淸	ㅋ	ㅌ	ㅍ		ㅊ	ㅎ		
不淸不濁	ㆁ	ㄴ	ㅁ	ㅱ		ㅇ	ㄹ	△
全淸					ㅅ			

<표 17>에서 제시한 것처럼 우음에서 16세기 한국 고유어에 쓰이지 않는 글자가 확인되고('ㅸ', 'ㅱ') 16세기 한국 고유어에서 전혀 쓸 수 없는 표기법(예를 들어: '잔', '완', '랹' 등)을 사용하고 있다. 따라서 '우음'은 한국 고유어와 차이가 있고 '우음'을 통해 고유어에 쓰이는 한글 자모의 음가를 추정하는 것은 위험한 일이다.

이제 일본어 표기 자료인 『이로파』에 대해 살펴보겠다. 『이로파』는 1492년에 사역원에서 일본어학습을 위하여 간행한 왜학서이다.[98] 『이로파』는 모두 22장의 책인데, 장차는 처음 4장과 나중 18장이 따로 있다. 처음 4장에는 "伊路波, 四體字母, 各四十七字."라고 하여 일

---

97) 日今俗音者, 臣今所著俗音也. ('금속음'으로 설명한 것은 내가 만든 속음이다.) (『四聲通解』凡例)
98) 『이로파』의 서지적인 소개는 이기문(1965: 4-6)에서 확인할 수 있다.

본문자를 쓰고 그 밑에 한글로 발음 표기를 붙였다. 제시하면 다음과 같다.

〈표 18〉『이로파』 47자모

음이	음디	음요	음라	음야	음아	음예
음로	음리	음다	음무	음마	음사	음벙
음바	음누	음레	음무	음계	음기	음모
음니	음루	음소	음이	음보	음유	음션
음부	음오	음두	음노	음고	음메	음수
음페	음와	음녀	음오	음예	음미	
음도	음가	음나	음구	음데	음시	

위에서 한글 자모와 가나 자모의 대응 관계를 제시하였다. 이 대응 관계를 보면 당시 한국어의 표기에 쓰이지 않았던 글자('ㅸ', 'ㆄ', 'ㅹ')가 발견된다. 『이로파』의 서문과 발문이 산실되었기에 『이로파』의 편찬 경위를 알 수 없다. 하지만 한국어에서 쓰이지 않는 글자가 발견된 것으로 보아 "若用於倭音, 則必變而通之(만일에 왜어를 나타내는 데 쓰려면 반드시 변화시켜 써야만 곧 제대로 쓰일 수 있다.)"라는 전제가 있었을 것이다.

다음은 범어와 관련된 표기를 살펴보기로 한다. 후기 중세 문헌을 보면 진언에 대한 한글 표기가 확인된다. 진언은 신주(神呪)로 의역된 것으로 독특한 독송법을 가지고 있다. 본래 진언은 인도의 베다(Veda)에서부터 시작되었다고 하는데 다른 나라로 불교가 전파되어 그 나라의 말과 문자로 옮겨진다고 하더라도 의미를 번역하지 않고 음사해 놓는 것이다. 안주호(2003: 75-85)는 『오대진언』에서의 진언 부분에 대해 살펴보았다. 한글로 음사된 자음자를 보면 초성에는 'ㄱ', 'ㄴ', 'ㄷ', 'ㄹ', 'ㅁ', 'ㅂ', 'ㅅ', 'ㅇ', 'ㅈ', 'ㅋ', 'ㅌ', 'ㅎ', '봉', 'ㅿ', 'ㅺ', 'ㅼ', 'ㅽ', 'ㅳ', 'ㅴ', 'ㅵ', 'ㄲ', 'ㆅ'의 총 22종류가 사용되었다. 이 중 당시 한국어에서 쓰이지 않는 문자로 'ㅴ', 'ㅵ' 등이 확인된다. 후기 중세 한국어에서 'ㅅ'이 포함된 합용병서자는 주로 된소리로 해석되지만 진언에서의 'ㅅ 합용병서자'에서는 'ㅅ'이 발음된 것으로 추정된다. 그리고 범어의 음운 체계와 당시 한국어의 음운 체계가 일치하지 않기 때문에 진언을 표기한 한글의 음가는 당시의 문헌들에 일반적으로 나오는 한글의 음가와 같다고 할 수 없다. 따라서 이 점에 대한 고려 없이 진언의 한글 표기를 통해 당시 한글의 음가를 역추정하는 것은 바람직하지 않다.

5.4. 정리

본장에서는 '봉'과 관련된 음변화, '유성 마찰음' 계열 그리고 문헌 기록을 통해 후기 중세 한국어에서 '봉'의 음가를 다시 재구하였다.

우선 후기 중세 한국어 문헌을 고찰하고 'ㅸ'이 '아'와 '어('어'로 시작하는 중모음 포함)', 'ᄋᆞ('ᄋᆞ'로 시작하는 중모음 포함)'와 '으', '오'와 '우('우'로 시작하는 중모음 포함)'와 결합하면 활음 [w]로 변한 반면에 '이'와 결합하면 탈락한 것을 확인하였다. '이' 모음은 전설모음이고 경구개에서 조음되지만 '이' 모음을 제외한 나머지 모음은 비전설모음으로 연구개에서 조음된다. 'ㅸ'은 양순음으로 후행하는 비전설 모음의 영향을 받고 양순-연구개음이 되어 곧 활음 [w]가 된다. 그러나 전설모음인 [i]는 강한 경구개음으로 'ㅸ'을 경구개음인 [ㅸʲ]로 변화시키고 구개음화된 'ㅸ'은 탈락하였다. 이러한 음변화들은 공식 'A→B/C'를 적용하여 'B(산출 결과)'와 'C(음변화 환경)', 그리고 음변화 유형과 음변화 원인을 모두 파악된 상태에서 'A(ㅸ)'의 음가를 양순 접근음 [β]로 재구하였다.

5.2에서는 'ㅸ'의 성격과 비슷한 'ㅿ', 'ㅇ'에 대해 살펴보았다. 후기 중세 한국어에서 모음, [j] 활음, 'ㄹ', 비음, 'ㅿ'은 'ㅂ'과 연쇄하게 되면 각각 '모음-ㅸ', '[j] 활음-ㅸ', 'ㄹ-ㅸ', '비음-ㅂ', 'ㅿ-ㅸ'으로 실현된다. 이 현상은 자음 약화로 볼 수 있는데 자음의 약화는 공명도와 관련이 있다. '유성음-ㅸ'의 연쇄를 보면 비음은 후행하는 'ㅂ'을 'ㅸ'으로 약화시킬 수 없지만 'ㅿ'은 후행하는 'ㅂ'을 'ㅸ'으로 약화시킬 수 있다. 따라서 'ㅿ'의 음가는 비음보다 더 큰 공명도를 가진 접근음 [ɹ]로 해석된다. 그리고 4.2.1.1에서는 한자어에 있는 'ㅿ'을 살펴보았는데 그 음가를 경구개 접근음 [j]로 재구하였다. 한자어에 있는 'ㅿ'은 항상 [i] 모음, 활음 [j]와 결합하므로 이러한 'ㅿ'은 구개음화를 겪은 것으로 볼 수 있다. 따라서 [i] 모음, 활음 [j] 환경에

서의 'ㅿ'의 음가를 경구개 접근음 [j]로, 그밖에 환경에서의 'ㅿ'의
음가를 치조 접근음 [ɹ]로 재구하였다.

유음가설을 주장하는 학자들은 'ㅇ'의 음가를 유성 후두 마찰음
[ɦ]로 재구하였다. 5.2.2에서는 이러한 'ㅇ'을 현대 한국어의 'ㅎ'과
비교하면서 [ɦ]이 음절에서 가능한 음운지위는 활음이라고 설명하였
다. 이 책은 'ㅇ'의 음가에 대하여 [ɦ]뿐만 아니라 다른 가능성도 제
시하였다. 적극적 기능을 수행하는 'ㅇ'은 'ㄱ>∅'의 한 단계이고 이
러한 음변화를 'k → g → ɣ → ɯ → ∅'로 분석할 수 있다. 그리고
후기 중세 문헌에서 'ㅎ'과 'ㅇ'이 서로 혼동되지 않는 것,『훈민정음』
의 기록 그리고 방언 자료를 통해 'ㅇ'의 음가를 연구개 접근음 [ɰ]
로 재구하였다.

5.3에서는『훈민정음』의 기록, 외국어 표기 문헌을 통해 'ㅸ'의 음
가를 다시 살펴보았다.『훈민정음』에서는 'ㅸ'에 대해 "以輕音脣乍合
而喉聲多也"로 설명되고 '경음(輕音)', '순사합(脣乍合)', '후성다(喉聲多)'
를 차례로 살펴보았다. '중음'과 '경음'은 상대적인 개념이고 '경음'
은 '중음'보다 약한 자음으로 해석된다. 그리고 '순사합'을 통해 'ㅸ'
이 입술이 잠깐 모여서 닫지 않고 산출하는 소리로 해석되고 'ㅸ'은
[-폐쇄성]을 지닌 분절음으로 재구할 수 있다. 또한 '후성다'를 통해
'ㅸ'이 [+공명성] 자질을 지닌 음으로 해석된다. '경음(輕音)', '순사합
(脣乍合)', '후성다(喉聲多)'를 통해 'ㅸ'의 음가를 양순 유음 혹은 양순
접근음으로 재구할 수 있다. 자연언어에는 양순 유음이 많지 않기 때
문에 'ㅸ'의 음가는 양순 접근음 [β]로 재구하였다.

5.3.2에서는 한어 표기 문헌, 일본어 표기 문헌, 범어 표기 문헌을

차례로 살펴보았다. 후기 중세 한국어와 외국어의 음운 체계가 다를 수 있기에 한국어를 표기하기 위해 쓰인 한글과 외국어를 표기하기 위해 쓰인 한글의 음가가 같았다고 하기 어렵다. 따라서 외국어 표기 문헌을 통해 고유어에 쓰인 한글 자모의 음가를 역추정하는 것은 바람직하지 않다.

병의 본질

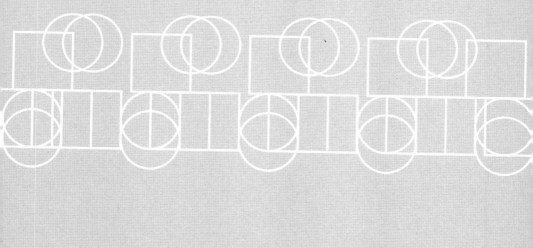

제 6 장　ㅸ의
　　　　　　본질

　'ㅸ'은 훈민정음 초기 문헌에서 널리 사용되지만 1460년대 초에
간행된 『능엄경언해』부터 사용이 폐지되었다. 이는 'ㅸ'의 불안정적
인 성격을 암시한다. 그리고 4장에서 분석한 것처럼 후기 중세 한국
어에서 'ㅸ'은 음소의 기능을 수행하지 못하고 그의 음운론 지위는
변이음이었다. 그러나 변이음은 일반적으로 의미 구별 기능이 없고
인식이 불가한 소리로 간주된다. 'ㅸ'을 변이음으로 해석하면 인식이
불가한 소리가 어떻게 인식되었는지, 이러한 소리가 왜 문자로 표기
되었는지를 반드시 밝혀야 한다. 뿐만 아니라 변별적 기능이 없는
'ㅸ'이 고유어에 나타나는 원인에 대해도 설명해야 한다. 본장에서는
이러한 문제를 해결하고 'ㅸ'의 본질을 밝히고자 한다.

6.1. '병'의 소리 인식

한 언어에서 변이음으로 존재하는 소리는 일반적으로 인식되기 어렵다. 그런데 사람들은 외국어를 배우게 되면 더 많은 음성을 인식할 수 있는 효과가 있다. 본절에서는 조선 초기의 외국어 환경, 훈민정음의 해례에 참여한 학자와 세종의 외국어 실력을 살펴보고 제2언어 습득과 관련된 이론을 이용하여 '병'의 소리 인식에 대해 논의해 보고자 한다.

일찍이 통일신라시대에 여러 역어(譯語)를 학습하기 위해 사대(史臺)라는 관청을 설치하였다.[99] 고려시대에는 통문관(通文館)을 비롯한 관청이 설치되어 역어교육과 통번역에 관한 업무를 담당하였다. 조선시대에는 고려의 제도를 이어받아 사역원(司譯院)을 설치하였다. 사역원은 초기에 중국어를 사습(肆習)하는 관청이었고[100] 그 이후에 몽골어, 일본어, 여진어도 추가되었다.[101] 조선시대에 사대교린(事大交隣)은 삼대국시(三大國是)의 하나로 외교의 기본 노선이고 중국, 여진, 몽골, 일본과의 원만한 관계를 수립하기 위해 역관 양성에 중점을 둔 것이다.[102] 역관 양성을 위해 많은 역학서가 발간되고[103] 과거 시험인 역

---

99) 孝恭王八年, 天佑元年甲子... 又置史臺, 學習諸蕃語. (효공왕 팔 년 천우원년 갑자 ... 또한 사대를 설치하여 여러 역어를 학습하였다.) (『三國史記』卷五十)

100) 置司譯院, 肄習華言. (사역원을 설치하고 중국말을 익히게 하였다.) (『太祖實錄』卷4 2年9月 辛酉)
    조선왕조실록의 번역문은 한국고전종합DB를 참조하였다.

101) 其餘蒙, 倭, 女眞學徒, 亦依此例施行. (그 밖에 몽고어, 왜어, 여진어의 학도들도 이 예에 의하여 시행하도록 하였다.) (『世宗實錄』卷95 24年2月 乙巳)

102) 구체적인 논의는 임동석(1989:151) 참조.

103) 譯學 漢訓, 『書』, 『詩』, 四書, 『直解大學』, 『直解小學』, 『孝經』, 『少微通鑑』, 『前後漢古今通略』, 『忠義直言』, 『童子習老乞大』, 『朴通事』, 漢語 蒙訓, 『待漏院記』, 『貞觀政

과시취(譯科試取) 제도도 마련되었다.[104] 따라서 조선시대 초기에 중국 어, 몽골어, 일본어, 여진어에 능통하는 역관들이 있었다.

다음은 훈민정음의 해례에 참여한 학자들의 외국어 실력을 보겠 다. 『훈민정음』의 정인지(鄭麟趾) 서문에 의하면 정인지, 최항(崔恒), 박 팽년(朴彭年), 신숙주(申叔舟), 성삼문(成三問), 강희안(姜希顏), 이개(李塏), 이 선로(李善老) 등 학자들이 훈민정음의 해례에 참여하였다. 그리고 1444 년에 최항, 박팽년, 신숙주, 강희안, 이개, 이선로는 『고금운회거요(古 今韻會擧要)』를 언문으로 번역하라는 세종의 명령을 받았다.[105] 『고금 운회거요』는 중국의 운서이고 이를 번역하려면 중국어의 음운 체계 는 물론 일정한 중국어 능력도 갖추어야 한다. 따라서 『고금운회거 요』 번역 사업에 참여한 사람들은 중국어를 잘 알고 있었을 것이다. 그리고 신숙주는 일본통신사(日本通信使) 서장관(書狀官)으로 일본에서 9 개월 동안 체류한 적이 있고[106] 1445년에 세종의 명령을 받아 성삼 문과 요동(遼東)에 간 사실도 확인된다.[107] 이를 통해 신숙주는 일본

要』、『老乞大』、『孔夫子速八實』、『伯顏波豆土高安章記』、『巨里羅賀赤厚羅書字』、『偉兀 眞』、『帖兒月眞』。倭訓『消息』、『書格』、『伊路波』、『本草』、『童子敎老乞大』、『議論』、『通 信』、『庭訓往來』、『鳩養勿語』、『雜語書字』。(역학은 한훈으로 된 『서경』, 『사서직해』, 『대학직해』, 『소학』, 『효경』, 『소미통감』, 『전후한고금통략』, 『충의언』, 『동자교노 걸대』, 『박통사』이요, 몽훈은 『대루원기』, 『정관정요』, 『노걸대』, 『공부자속팔실』, 『백 안파두토고안장기』, 『거리라하적후라서자』, 『위올진』, 『첩아월진』이요, 왜학은 『소 식서격』, 『이로파본초』, 『동자교노걸대』, 『의론통신』, 『정훈왕래』, 『구양물어』, 『잡 어서자』이며) (『世宗實錄』卷47 12年3月(1430) 戊午)

104) 구체적인 내용은 임동석(1989:157-161) 참조

105) 命集賢殿校理崔恒, 副校理朴彭年, 副修撰申叔舟, 李善老, 李塏, 敦寧府注簿姜希顏等, 詣 議事廳, 以諺文譯韻會. (집현전 교리 최항, 부교리 박팽년, 부수찬 신숙주, 이선로, 이 개, 돈녕부 주부 강희안 등에게 명하여 의사청에 나아가 언문으로 『운회』를 번역하 게 하고) (『世宗實錄』卷103 26年2月(1444) 丙申)

106) 구체적인 논의는 강신항(2003a:350) 참조

107) 遣集賢殿副修撰申叔舟, 成均注簿成三問, 行司勇孫壽山于遼東, 質問韻書. (집현전 부수찬

어, 중국어에 능통하였다고 추론해 볼 수 있다. 강희맹(姜希孟)이 쓴 「문충공행장(文忠公行狀)」에서 다음과 같은 내용이 확인된다.

(84)

公俱通漢、倭、蒙古、女眞等語, 時或不假舌人, 亦自達意. 後公手翻諸譯語以進, 舌人賴以通曉, 不假師授. (공이 중국어, 일본어, 몽골어, 여진어 등 언어에 모두 통하여 때때로 혹시 통역관의 힘을 비는 일이 없어도 역시 스스로 뜻을 통했다. 나중에 공이 손수 외국어를 번역하여 나라에 바치니 통역관들이 이에 힘입어 밝게 통하여 스승에게 배우지 않았다.)

(84)를 통해 신숙주는 중국어, 일본어, 몽골어, 여진어 등 외국어를 잘했다는 것을 알 수 있고 (84)는 위의 추론을 증명할 수 있다.

계속해서 세종의 외국어 실력을 살펴보겠다. 『훈민정음』 예의(例義)의 첫 구절은 "國之語音, 異乎中國.(우리 나라의 말소리가 중국과 다르다.)" 이다. 음성적으로 한국어와 중국어가 차이가 있다는 것을 정확히 지적한 것으로 보아 세종은 중국어를 어느 정도 습득하였을 것이다. 그리고 『동국정운』 서문에 "此我聖上所以留心聲韻, 斟酌古今, 作爲指南, 以開億載之群蒙者也.(이것이 우리 성상께서 성운에 뜻을 두시고 고금의 것을 취사 선택하시어 지침이 될 만한 것을 만드심으로써 수억 년에 걸친 어리석은 자들을 깨우치신 까닭이다.)"라는 구절이 있다. 따라서 세종은 성운학(聲韻學)에 관심이 있고 중국 운서를 많이 읽었을 것이다. 『홍무정운역훈(洪武正韻 譯訓)』 서문에서 "我世宗莊憲大王, 留意韻學, 窮研底蘊.(우리나라의 세종 장헌대왕께서 운학에 뜻을 두시어 깊이 연구하시고)"이라는 기록도 확인되고

신숙주와 성균관 주부 성삼문과 행사용 손수산을 요동에 보내서 운서를 질문하여 오게 하였다.) (『世宗實錄』卷107 27年1月(1445) 辛巳)

이는 세종이 성운학을 깊이 연구하였음을 말해준다. 한편, 세종은 최
만리(崔萬理)의 반대 상소를 보고 "且汝知韻書乎? 四聲七音, 字母有幾乎?
若非予正其韻書, 則伊誰正之乎?(또 그대가 운서를 아느냐? 사성과 칠음을 알며,
자모가 몇인지 아느냐? 만일에 내가 저 운서를 바로잡지 않는다면, 그 누가 이를
바로잡겠느냐?)"라고 반문하였다. 이러한 질문을 통해 세종이 성운학에
대해 가진 자신감을 엿볼 수 있고 성운학의 전문가임을 의심할 여지
가 없다.[108] 성운학은 중국어의 음운 체계를 연구하는 과학이다. 세
종은 성운학 전문가로서 중국어를 잘 알고 있다고 봐야 한다.

조선 초기에 외국어에 능통하는 역관(譯官)이 있었고 훈민정음을 창
제한 세종은 중국어를 잘 알고 있었으며 훈민정음의 해례에 참여한
학자들도 외국어에 능통하였다. 한국어는 당시 사람들의 제1언어(L1)
가 되고 중국어, 몽골어, 여진어, 일본어를 비롯한 외국어는 제2언어
(L2), 제3언어(L3) 등이 된다. SLM(Speech Learning Model) 이론에 따르면
L1과 L2의 음들은 추상적인 음소 차원이 아니라 변이음 차원에서 서
로 지각적으로 연결되어 있다. 그리고 성인 학습자들은 L2를 오래
공부하면 할수록 원래 식별되지 못한 음성들을 인식하게 되고 새로
운 음성 범주(phonetic category)가 형성된다.[109] 다시 말하자면 제2언어
학습을 통해 더 많은 음성들을 인식할 수 있다.

이러한 음성은 몇 가지 종류로 나뉠 수 있다. 하나는 L1에 존재하
지 않고 L2에 있는 음성이다. 예를 들면, 현대 한국어에는 [f]가 없지
만 한국인들은 영어, 중국어를 비롯한 외국어를 공부하면서 이러한

---

108) 구체적인 내용은 이숭녕(1958:33) 참조.
109) SLM에 대한 구체적인 설명은 Flege.J.E(1995:239-240) 참조.

음성을 인식하게 된다. 또 다른 한 종류는 L1에 변이음으로 존재하는데 L2의 학습을 통해 이러한 L1의 변이음을 식별하게 된다. 예를 들면, 보통 한국 사람들은 '사'와 '시'에서의 'ㅅ'의 음성적 차이가 느껴지지 않는다. 그러나 중국어를 학습하게 되면 이러한 'ㅅ'들이 음성적으로 다르다는 점을 인식하게 된다. 왜냐하면 한국어에서는 [s]와 [ɕ]가 변이음으로 /s/에 속하지만 중국어에서는 [s]와 [ɕ]가 모두 인식 가능한 소리이기 때문이다. 그리고 이러한 경우도 있다. 알다시피 현대 중국어에는 성조가 4개 있다. '[pā](八)', '[pá](拔)', '[pǎ](把)', '[pà](爸)'에서의 [p]에 대해 보통 중국 사람들은 같다고 생각한다. 그러나 제2언어인 한국어를 배우게 되면 '[pā](八)'에 있는 [p]와 '[pà](爸)'에 있는 [p]는 차이가 있는 것을 알게 된다. 음성적으로 '[pā](八)'에 있는 [p]는 한국어 평음인 'ㅂ'과 유사하고 '[pà](爸)'에 있는 [p]는 한국어 경음인 'ㅃ'과 유사하기 때문이다.[110] 이처럼 제2언어 학습자들은 공부를 통해 음성적으로 L2의 특정한 소리와 비슷한 L1의 변이음을 인식할 수 있다.

조선시대의 경우를 살펴보자. 앞서 언급했듯이 조선시대에 사대교린은 삼대국시의 하나로 주변 나라와의 원만한 관계를 수립하기 위해 역관 양성에 중점을 둔 것이다. 조선은 국가 측면에서 외국어를 중요시하기 때문에 국가 내에 외국어를 공부하는 환경이 상대적으로 양호하다. 세종과 훈민정음의 해례에 참여한 학자들은 외국어에 능통하므로 상대적으로 오랫동안 외국어를 공부했을 것이다. L2를 오래 공부하면 원래 식별이 불가한 음성들을 인식하게 된다. 따라서 외

---

110) 장가문(2013: 179-200)은 이를 이용하여 한국어 장애음 교육 방안을 설계하였다.

국어에 능통하는 세종과 학자들은 보통 사람보다 더 많은 음성을 인식할 수 있었다. 9세기부터 한어에 경순음(輕脣音)이 생겼고 이 시기의 경순음인 비모(非母), 부모(敷母), 봉모(奉母), 미모(微母)가 일반적으로 [f], [fʰ], [v], [ʋ]로 해석된다. 앞서 언급했듯이 세종은 최항, 박팽년, 신숙주, 강희안, 이개, 이선로 등에게 『고금운회거요』를 언문으로 번역하라고 명령하였다. 『고금운회거요』에는 비모, 봉모, 미모가 존재하기 때문에 세종과 훈민정음의 해례에 참여한 학자들은 [v], [ʋ]를 접하였다. 앞서 설명한 것처럼 유성 마찰음은 불안정한 성격을 지니고 있고 유성 환경에서는 접근음으로 쉽게 변한다. [ʋ]와 [β]는 모두 접근음이고 조음위치 상 약간 차이가 있지만 음성적으로 아주 유사하다. SLM 이론에 따르면 학습자들은 외국어 공부를 통해 L2의 특정한 소리([ʋ])와 비슷한 L1의 변이음([β])을 인식할 수 있다.

6.2. '봉'의 제자(制字) 원인

4장에서는 후기 중세 한국어에서 '봉'이 음소의 기능을 하지 못한다는 결론을 얻었다. '봉'은 음소가 아니었다면 잉여적인 요소에 불과하다. 세종이 이러한 잉여적인 글자를 만드는 원인에 대한 고찰은 필요로 한다.

15세기 고유어에는 음소가 아닌 자모는 '봉'만이 아니다. 4장에서 언급한 'ㅿ'과 'ㅇ',[111] 그리고 훈민정음 28자인 'ㆆ'도 이에 해당된

---

111) 여기의 'ㅇ'은 적극적인 기능을 수행하는 'ㅇ'이다.

다.112) 이들은 음소의 기능을 수행하지 못하고 일종의 잉여적 요소에 해당된다. 이러한 글자들을 만든 원인은 여러 가지 측면에서 생각해 볼 수 있다.

첫째, 훈민정음의 문자 체계와 관련된다. 훈민정음의 자음은 중국 운서의 칠음체계(七音體系), 청탁체계(淸濁體系)에 따라 만들었다. 칠음체계는 자음이 아음(牙音), 설음(舌音), 순음(脣音), 치음(齒音), 후음(喉音), 반치음(半齒音), 반설음(半舌音) 7종류로 나뉘고 청탁체계는 자음이 전청(全淸), 차청(次淸), 전탁(全濁), 불청불탁(不淸不濁) 4종류로 구분된다. 'ㅿ'이 없으면 칠음체계가 무너지게 되고 'ㆁ'과 'ㆆ'이 없으면 청탁체계에 결함이 생기게 된다. 따라서 이러한 자모들은 꼭 필요하다.

그리고 중국어의 경순음(輕脣音)은 9세기경에 생겼고 그 이후의 운서에서는 중순음(重脣音)과 경순음 두 가지의 순음 계열이 확인된다. 훈민정음의 순음은 운서의 중순음과 대응되고 순경음은 운서의 경순음과 대응된다. 그리고 15세기의 고유어와 동국정운 한자어의 초성 체계에는 순경음 계열이 없었다. 더군다나 운서의 칠음체계에는 경순음이 없고 훈민정음의 자음 체계에는 순경음도 없다. 따라서 순경음은 중국 운서의 체계와 일치화하기 위해 만들었을 것이다.113)

---

112) 『訓民正音』 해례에서는 "初聲之ㆆ與ㅇ相似, 於諺可以通用也(초성의 'ㆆ'은 'ㅇ'과 비슷해서 고유어에서는 통용될 수 있다.)"라는 구절이 있다. 이를 통해 초성의 'ㆆ'은 'ㅇ'과 비슷해서 고유어에서는 통용될 수 있다는 점을 알 수 있다. 실제로 고유어에서의 'ㆆ'은 초성에 올 수 없고 어미 '-ㅭ', 『용지어천가』와 『훈민정음언해』의 사잇소리 표기에만 나타나며 그의 쓰임은 아주 제한적이다. 그리고 '-ㅭ + 평음'은 '-ㄹ + 각자병서'로 바꿔 표기해도 좋고 사잇소리로 쓰인 'ㆆ'은 'ㅅ'으로 대체된다. 따라서 'ㆆ'은 음소로 해석되기 어렵다.

113) 5.3.1에서 이미 언급했듯이 『훈민정음』에서는 순경음의 제자 원리, 음가를 설명할 때 순경음을 전체로 묶어서 설명하였다. 이러한 설명 방식은 다른 자모와 다르다.

둘째, 훈민정음의 문자 제작 원리와 관련된다. 상형으로 기본 자음자가 만들어지고 기본자에다가 획을 더하면 더 센 자음이 제작된다. 'ㅇ'은 후음 계열의 기본자이고 'ㅇ'에다가 획을 더하면 'ㆆ'이 만들어지며 획을 한번 더하면 'ㅎ'이 된다. 'ㅇ'과 'ㆆ'이 없다면 'ㅎ'이 어떻게 만들어지는지를 일관하게 설명하기 어렵다. 따라서 이러한 글자들이 반드시 필요하다.

셋째, 훈민정음의 창제 목적과 관련된다. 세종은 백성들이 쉽게 익히고 날마다 편하게 쓰기 위해 훈민정음을 만들었다. 그리고 훈민정음은 고유어뿐만 아니라 한자어, 중국어, 몽골어, 여진어를 비롯한 외국어도 표기할 수 있도록 만들었다. 심지어 훈민정음을 이용하여 바람 소리, 학의 울음, 닭의 홰치며 우는 소리, 개 짖는 소리를 모두 표현할 수 있다.[114] 언어마다 음운체계에 차이가 있으므로 각 언어를 언문으로 표기하는 데에 쓰이는 한글 자모도 다를 수 있다. 다시 말하자면 한 자모는 언어에 따라 필수적으로 쓰이는 경우가 있고 잉여적인 요소가 될 수도 있다.

동국정운 한자어에는 'ㅿ', 'ㆆ', 'ㆁ'이 나타나고 중국어를 언문으로 표기할 때 'ㅸ', 'ㅿ', 'ㆆ', 'ㆁ'이 반드시 필요하며 몽골어, 일본어 등 다른 외국어 표기에서는 'ㅸ', 'ㅿ'이 확인된다. 이처럼 'ㅸ', 'ㅿ', 'ㆆ', 'ㆁ'은 고유어에 잉여적인 요소로 존재하지만 동국정운 한자어, 중국어, 몽골어, 일본어 등 외국어를 표기할 때 반드시 필요한 자모이다.

한편, 치두음(齒頭音)인 'ᅎ', 'ᅏ', 'ᅔ', 'ᄼ', 'ᄽ'과 정치음(正齒音)인

---

114) 雖風聲鶴唳, 雞鳴狗吠皆, 可得而書矣. (비롯 바람의 소리, 학의 울음, 닭의 홰치며 우는 소리, 개 짖는 소리일지라도 모두 이 글자를 가지고 적을 수가 있다.) (『訓民正音』鄭麟趾序)

'ㅈ', 'ㅉ', 'ㅊ', 'ㅅ', 'ㅆ'은 중국어를 표기하기 위해 기존의 치음 자모를 개조한 것이고 고유어나 동국정운 한자어에는 불필요하다. 이 밖에 반설경음(半舌輕音)인 'ㄹ'도 있는데 이것은 고유어, 한자어뿐만 아니라 중국어, 여진어, 몽골어 등 외국어 표기에도 나타나지 않았다. 이는 그 당시에 필요하지 않지만 나중에 문자 표기에 필요할지도 모른다고 생각하는 세종의 판단에서 만들어진 것이다.[115]

이상으로 고유어에서 음소의 기능을 수행하지 못한 자모들의 제자(制字) 원인을 살펴보았다. 그 원인은 훈민정음의 문자 체계, 문자의 제작 원리, 창제 목적과 관련된다. 이 중에서 'ㅸ'의 제자 원인을 다시 정리하자면 'ㅸ'은 고유어를 표기하기 위해 만든 글자가 아니라 훈민정음 문자의 체계성, 그리고 중국어, 일본어 등 외국어를 표기하기 위해 만든 글자다.

6.3. 'ㅸ'의 고유어 표기 원인

'ㅸ'은 훈민정음 초기 문헌에서 널리 사용되지만 1460년대에 간행된 『능엄경언해』부터 사용이 폐지되었다. 고유어에 있는 'ㅸ'은 음소의 기능을 수행하지 못하기 때문에 짧은 시기에 사라진 것으로 예상된다. 그런데 이러한 'ㅸ'은 잉여적인 글자인데 애초부터 이로 고유

---

115) 半舌有輕重二音, 然韻書字母唯一, 且國語雖不分輕重, 皆可成音. 若欲備用, 則依脣輕例, ㄹ 連書ㅇ下, 爲半舌輕音, 舌乍附上齶. (반설음에도 경과 중 두 가지 음이 있으나 중국 운서의 자모에서는 이를 구별하지 않고 하나로 하였고, 또한 한국어에서도 경과 중을 나누지 아니하나 모두 소리를 이룰 수 있다. 그러니 만약에 갖추어서 쓰고 싶으면 순경음의 예를 좇아 ㅇ을 ㄹ의 아래에 이어 써서 반설경음을 만들고 혀를 잠깐 윗잇몸에 닿도록 해서 발음한다.) (『訓民正音』 解例22ㄴ)

어를 표기하는 원인이 무엇인지 궁금하다. 본절에서는 이를 세종과 집현전 학자들의 표기 의식과 관련지어 논의해 보고자 한다.

우선, 세종의 표기 의식을 보겠다. 세종이 『월인천강지곡(月印千江之曲)』을 만들었고 이를 통해 세종의 표기 의식을 파악할 수 있다. 『월인천강지곡』은 부분적으로 형태음소적 표기법을 운용하였고 이는 『용비어천가(龍飛御天歌)』, 『석보상절(釋譜詳節)』, 『월인석보(月印釋譜)』를 비롯한 다른 중세 문헌과의 큰 차이점이다.

(85)
    가. **눈에** 보논가 너기ᄉᆞᇦ쇼셔 (『월인천강지곡』상:1ㄴ)
    나. 그르세 **담아** 남녀를 내ᄉᆞᇦ니 (『월인천강지곡』상:2ㄱ)

(85)에서 보이듯이 '체언 + 조사'는 '눈에'처럼 분철로 표기되었고 '용언 어간 + 어미'도 '담아'와 같이 분철로 표기되었다. 그리고 종성 표기는 '종성부용초성(終聲復用初聲)'의 표기 원칙을 따랐다. 심지어 이 원칙을 따르지 않은 'ᄂᆞᆺ', 'ᄇᆞᆺ', 'ᄆᆞᆺ', 'ᄋᆞᆺ', 'ᄂᆞᆸ'을 각각 'ᄂᆞᆾ', 'ᄇᆞᆾ', 'ᄆᆞᆾ', 'ᄋᆞᆾ', 'ᄂᆞᇁ'으로 교정한 흔적도 확인된다.[116]

〈표 19〉 『월인천강지곡』 종성 표기 교정[117]

교정 유형	교정의 예	출처
ㅅ→ㅊ		『월인천강지곡』상:18ㄱ

---

116) 구체적인 논의는 이기문(1972: 74-76) 참조.

ㅅ→ㅿ		『월인천강지곡』상:18ㄱ
		『월인천강지곡』상:65ㄴ
ㅅ→ㅈ		『월인천강지곡』상:65ㄴ
ㅂ→ㅍ		『월인천강지곡』상:36ㄴ

　이러한 사실은 체언과 용언 어간의 기저형(혹은 어원)을 밝혀 적으려는 세종의 의도가 반영된다.

　‘ㅸ’의 쓰임은 세종의 형태 위주 표기 의식과 관련이 있다. 당시에 겸양법 선어말어미, 일부 종성 ‘ㅂ’을 가진 용언은 모음으로 시작하

117) 교정 예시의 사진은 정우영(2018: 310-311)에서 가져왔다.

는 문법형태소와 결합할 때 'ㅂ'의 약화 현상이 일어난다. 세종은 약화 현상을 겪은 'ㅂ'이 이미 [w]로 변하고 있음을 알고도[118] 기저형을 의식해서 이러한 'ㅂ'을 [w](오 혹은 우)로 표기하지 않고 순경음인 'ㅸ'으로 표기하였을 것이다.[119] 순경음은 약한 자음으로 'ㅸ', 'ㆄ', 'ㅹ', 'ㅱ'이 있다. 'ㅸ', 'ㆄ', 'ㅹ', 'ㅱ'은 청탁(淸濁)으로 분류하면 각각 전청, 차청, 전탁, 불청불탁이 된다. 음성적으로는 약화 현상을 겪은 'ㅂ'을 무성 마찰음인 전청자 'ㅸ'보다 유성 마찰음인 전탁자 'ㅹ', 혹은 접근음인 불청불탁자 'ㅱ'으로 표기하는 것이 더 좋다. 그러나 'ㅹ' 혹은 'ㅱ'으로 표기되면 'ㅂ'으로부터 변한 것을 연상하기 매우 어렵다. 소리보다 형태를 더 중요시하는 세종의 표기 의식은 바로 'ㅸ'을 택한 원인이 된다.

다음, 집현전 학자들의 표기 의식을 살펴보겠다. 『용비어천가』는 정인지, 권제(權踶), 안지(安止) 등에 의해 편찬되었고 박팽년, 신숙주, 이현로, 이개, 강희안, 성삼문 등 학자들은 이를 보완하였다. 이 문헌을 통해 당시 집현전 학자들의 표기 의식을 파악해 보고자 한다. 『용비어천가』는 다른 후기 중세 문헌과 같이 연철(連綴) 표기를 사용하고 있다.

(86)

가. 불휘 기픈 남군 **ㅂᄅ매** 아니 뮐씨 (『용비어천가』1:1ㄴ)

---

[118] 『釋譜詳節』序와 『月印釋譜』序를 통해 세종이 『釋譜詳節』을 보고 『月印千江之曲』을 지었다는 사실을 알 수 있다. 『釋譜詳節』에서는 'ㅸ'이 [w]로 표기된 예가 확인되고 세종도 이를 알고 있었을 것이다.

[119] 그 반면에 '두외-', 'ㅎ오ᅀᅡ'는 원래 'ㅂ'을 가진 형태로 분석되기 어려운 단어이다. 이들은 'ㅂ'으로부터 변해온 것이 분명하지 않으므로 'ㅸ'으로 표기되지 않았다.

　　나. 方國이 해 **모ᄃ나** (『용비어천가』2:1ㄴ)

　　(86)에서 제시한 것처럼 '체언 + 조사'의 경우는 'ㅂᄅ매'처럼 연철로 표기되었고 '용언 어간 + 어미'의 경우도 '모ᄃ나'와 같은 연철 표기가 확인되었다. 이는 『월인천강지곡』과의 큰 차이라고 할 수 있다. 따라서 집현전 학자들은 형태보다 소리를 더 중요시하는 경향이 보인다. 그러나 종성 표기는 『월인천강지곡』과 같이 '종성부용초성(終聲復用初聲)'의 표기 원칙을 따랐고[120] 이는 다른 후기 중세 문헌과의 차이다. '종성부용초성'의 표기법은 '팔종성(八終聲)'의 표기법보다 형태주의 표기 의식이 반영된다. 연철 표기와 종성 표기를 통해 집현전 학자들은 소리를 중요시하면서도 형태주의 표기 의식을 어느 정도 가지고 있었다고 할 수 있다. 종성이 자모 8개에 국한되지 않고 다양한 자모로 표기된 것은 일종의 정밀적 표기로도 해석된다. 이러한 정밀적 표기 의식은 사잇소리 표기에서도 확인된다. 후기 중세 문헌에서 사잇글자는 'ㅅ'으로 적는 것이 일반적이지만[121] 『용비어천가』에는 'ㅅ' 이외에 'ㄱ', 'ㄷ', 'ㅂ', 'ㆆ', 'ㅿ' 등도 있고 이러한 사잇글자는 환경에 따라 구별되어 사용되었다. 구체적인 예를 표로 정리하면 다음과 같다.

〈표 20〉 『용비어천가』 사잇글자 사용 양상

사잇소리 글자	예시(출처)
ㄱ	몃ㄱ ᄠ디 일어시ᄂᆞᆯ(『용비어천가』1:13ㄱ)

---

120) 물론 팔종성 표기법을 따른 형태도 확인된다.
121) 『훈민정음』 언해본에는 『용비어천가』와 비슷한 사잇소리 표기가 있다.

ㄷ	몃 間ㄷ 지븨 사ᄅᆞ시리잇고(『용비어천가』10:43ㄴ)
ㅂ	사ᄅᆞᆷ ᄠᅳ디리잇가(『용비어천가』3:14ㄱ)
△	어마님 그리신 눖므를(『용비어천가』9:43ㄴ)
ㆆ	先考ㆆ 뜯 몯 일우시니(『용비어천가』2:16ㄴ)
ㅅ	野人ㅅ 서리예 가샤(『용비어천가』1:6ㄴ)

이러한 사잇소리 표기를 통해 집현전 학자들의 정밀적 표기 의식을 엿볼 수 있다.

'ㅸ'의 쓰임에 대해 보겠다. 『용비어천가』에서는 겸양법 선어말어미, 합성어, 그리고 일부 종성 'ㅂ'을 가진 용언은 모음으로 시작하는 문법형태소와 결합할 때 'ㅸ'이 나타난다. 당시에 유성음 사이에 있는 'ㅂ'은 약화 현상이 일어나고 약화 현상을 겪은 'ㅂ'과 겪지 않은 'ㅂ'은 음성적으로 차이가 있다. 집현전 학자들은 이러한 차이를 인식하고 소리 위주 표기와 정밀적(精密的) 표기를 적용하여 'ㅂ'을 두 가지로 나눠 표기하였다. 그리고 약화 현상을 겪은 'ㅂ'의 어원을 감안하여 이러한 음성을 'ㅸ'으로 표기하였을 것이다.

한편, 15세기 고유어에서 'ㆆ'은 음소의 기능을 수행하지 못하지만 이로 고유어를 표기하는 예도 확인된다. 이러한 'ㆆ'은 'ㅸ'의 경우와 아주 비슷하므로 'ㆆ'을 살펴보자.

고유어에 있는 'ㆆ'은 초성에 나타날 수 없고 종성에만 나타나며 주로 사잇소리, 관형사형 어미 '-ㅭ'으로 쓰인다.[122] 사잇소리로 쓰인 'ㆆ'과 관형사형 어미 '-ㅭ'은 모두 『용비어천가』에 처음 나타난다. 그리고 사잇소리로 쓰인 'ㆆ'은 집현전 학자들의 정밀적 표기 의

---

122) 『능엄경언해』에서는 '삻지-[삑]', '홣-[삯]' 등 용언 어간에 'ㆆ'이 나타나는 경우도 있다. 이익섭(1992: 71-74)에서는 이러한 예를 'ㆆ'이 잘못 쓰인 예라고 지적하였다.

식을 따라 만들어졌기 때문에 관형사형 어미 '-ㅭ'도 정밀적 표기
의식으로 만들어졌을 것이다. 당시에 'ㄹ' 뒤에 후행하는 평음은 약
화 현상이 일어나지만[123] 관형사형 어미 '-ㄹ' 뒤에 있는 평음은 강
화 현상이 일어난다.[124] 집현전 학자들은 이러한 현상을 인식했고
두 가지의 'ㄹ'을 구별하게 표기하려고 'ㅭ'을 만들었을 것이다. 이
러한 추론을 증명할 만한 증거는 『용비어천가』에서 확인된다.『용비
어천가』에는 '하ᄂᆞᆶ ᄠᅳᆮ'이 여러 차례로 나타났다.

(87)
가. 岐山 올ᄆᆞ샴도 **하ᄂᆞᆶ** ᄠᅳ디시니 (『龍飛御天歌1:6ㄴ』)
나. 德源 올ᄆᆞ샴도 **하ᄂᆞᆶ** ᄠᅳ디시니 (『龍飛御天歌1:6ㄴ』)
다. **하ᄂᆞᆶ** ᄠᅳ들 뉘 모ᄅᆞᅀᆞᄫᆞ리 (『龍飛御天歌9:37ㄴ』)

여기에 있는 'ㆆ'은 특이하다고 할 수 있다. 왜냐하면 'ㄹ' 뒤에 후
행하는 사잇소리는 'ㆆ'보다 'ㅅ' 혹은 'ㅿ'이 더 일반적이기 때문이
다. 이러한 규칙은 <표 20>에서 이미 소개하였고 예를 더 들면 다
음과 같다.

(88)
가. **긼** ᄀᆞᅀᅢ 軍馬 두시고 (『龍飛御天歌』7:41ㄱ)
나. **하ᄂᆞᆶ** 벼리 눈 ᄀᆞᆮ 디니이다 (『龍飛御天歌』7:1ㄱ)
다. **오ᄂᆞᆶ** 나래 내내 웃ᄇᆞ리 (『龍飛御天歌』3:15ㄴ)
라. **바ᄅᆞᆶ** 우희 金塔이 소스니 (『龍飛御天歌』9:35ㄱ)

---

123) 예를 들어 'ㄹ'은 후행하는 'ㄱ'을 'ㅇ'으로, 'ㅂ'을 'ㅸ'으로 약화시킬 수 있다.
124) 학계에서는 'ㅭ+평음'과 'ㄹ+각자병서'의 차이가 표기법의 차이로 해석되는 것이
    일반적이다. 평음이 각자병서로 되는 것은 일종의 자음 강화 현상이다.

'ㅅ', 'ㅿ'말고 'ㅎ'으로 표기한 원인을 보겠다. '하눓 뜯'에서 '뜯'
의 초성에는 'ㅳ'이 나타나고 'ㅳ'은 평음보다 강한 자음이다. 집현
전 학자들은 이러한 강한 자음을 선행하는 'ㄹ'로 인해 평음으로부
터 변한 것으로 오분석(誤分析, hypo-correction)하거나 과도분석(過度分析,
hyper-correction)하면 '하늘'에 있는 'ㄹ'을 'ㅭ'으로 표기했을 것이다.[125]
따라서 종성에 있는 'ㅭ'은 집현전 학자들의 정밀적 표기 의식으로
만들어졌다.

『석보상절』의 동명사형 표기에서는 '-ㅭ＋평음'과 '-ㄹ＋각자병
서'의 두 가지 표기 방식이 확인된다.

(89)
가. 디퍼 **돋닳 저긔** 錫錫흔 소리 (『釋譜詳節』3:20ㄱ)
나. 錠光佛끽 **받즈뷸 쩌긔** (『釋譜詳節』6:8ㄱ)

세종은 이 두 가지 표기 방식을 알고 있는 상황에서 『월인천강지
곡』을 편찬하였으며 '-ㅭ＋평음'과 '-ㄹ＋각자병서'를 혼용하지 않
고 '-ㅭ＋평음'의 표기 방식만 택하였다. '-ㅭ＋평음'은 형태소를 고
려하여 표기하는 방식이지만 '-ㄹ＋각자병서'는 소리 나는 대로 표
기하는 방법이다. 소리보다 형태를 중요시하는 표기 의식이 세종이
'-ㅭ＋평음'을 택한 원인이 된다.

이상의 내용을 정리하자. 본절에서는 세종과 집현전 학자들의 표
기 의식을 분석하여 'ㅸ'으로 고유어를 표기하는 원인을 논의하였다.
세종은 소리보다 형태를 더 중요시하는 표기 의식을 가지고 있는데

---

125) 다시 말하자면 '하눓'에서의 'ㅎ'은 사잇소리가 아니고 종성 'ㅭ'의 일부이었다.

이것은 바로 'ㅸ'이 쓰이는 원인이 된다. 집현전 학자들은 정밀적 표기 의식을 가지고 있으므로 이것은 'ㅸ'으로 고유어를 표기하는 또 다른 원인이다.

6.4. 정리

본장에서는 'ㅸ'의 소리 인식, 제자 원인, 그리고 'ㅸ'을 고유어로 표기하는 원인을 논의하고 'ㅸ'의 본질을 연구하였다.

조선초기에는 국가 측면에서 외국어를 중요시하기 때문에 국가 내에 외국어를 공부하는 환경이 상대적으로 양호하다. 그리고 세종과 훈민정음 해례에 참여한 집현전 학자들은 모두 외국어에 능통하고 당시의 중국어 혹은 『고금운회거요』를 비롯한 운서에는 순치 접근음이 존재하였다. SLM 이론에 따르면 세종과 집현전 학자들은 일반인보다 더 많은 음성을 식별할 수 있고 당시 변이음으로 존재한 [β]를 인식할 수 있다.

그리고 'ㅸ'은 음소의 기능이 없고 고유어에는 잉여적인 자모이다. 세종이 이러한 잉여적인 자모를 만든 원인을 밝힐 필요가 있다. 이 책은 훈민정음의 문자 체계, 제작 원리, 창제 목적과 관련지어 논의하였다. 'ㅸ'의 제자 원인을 다시 정리하자면 'ㅸ'은 고유어를 표기하기 위해 만든 자모가 아니라 훈민정음 문자의 체계성, 그리고 중국어, 일본어 등 외국어를 표기하기 위해 만든 자모이었다.

마지막으로 'ㅸ'으로 고유어를 표기하는 원인을 살펴보았는데 두 가지의 원인을 찾았다. 하나는 세종이 소리보다 형태를 더 중요시하는 표기 의식과 관련이 있다. 이러한 세종의 표기 의식은 바로 'ㅸ'이 쓰이는 원인이 된다. 다른 하나는 집현전 학자들의 정밀적 표기 의식이다. 이것은 'ㅸ'으로 고유어를 표기하는 또 다른 원인이다.

제 7 장

붕의 일생

제7장   붕의
일생

이 책은 '붕'의 기원, '붕'의 음운 자격, '붕'의 음가를 고찰하였고 '붕'의 소리가 어떻게 인식되고 문자까지 만든 원인이 무엇인지를 규명하였으며 '붕'의 일생에 대해 고찰하였다.

3장은 문헌 자료와 방언 자료를 통해 '붕'의 기원에 대해 살펴보았다. '붕'은 'ㅂ>w' 혹은 'ㅂ>∅'의 음변화의 한 단계로 해석하고자 한다.

3.1에서는 문헌을 통해 고대 한국어, 전기 중세 한국어에서 '붕'의 흔적을 고찰해 보았고 이를 토대로 '붕'의 기원에 대해 규명하였다. 고대 한국어 문헌에서 '붕'의 흔적이 발견되기 어렵기 때문에 고대 한국어에는 '붕'이 없다는 결론을 내리고자 한다. 계속해서 『계림유사』와 『조선관역어』를 비롯한 대역 문헌, 이두 문헌과 구결 문헌을 통해 훈민정음 이전 시기의 한국어를 살펴보았고 이 시기에는 '붕'

이 역시 존재하지 않았다고 생각한다.

훈민정음 이전의 문헌을 살피면서 'ㅸ'이 나타나는 자리에 'ㅂ'이 나타난 사실을 확인하였다. 뿐만 아니라 훈민정음 이후의 일부 'ㅇ'으로 된 단어가 훈민정음 전에 'ㅇ'의 자리에 'ㅂ'이 있었다는 사실도 확인하였다. 이러한 사실을 통해 'ㅸ'을 'ㅂ>w' 혹은 'ㅂ>∅'의 음변화의 한 단계로 해석하고자 한다.

3.2에서는 방언 자료를 통해 'ㅸ'에 대해 살펴보았다. 현대 방언에 있는 'ㅸ'의 'ㅂ 반사형'은 아무 변화를 겪지 않고 원래부터 'ㅂ 형태'였던 것으로, 'ㅸ'의 '∅ 반사형'은 통시적으로 'ㅂ>∅'의 변화를 겪은 형태인 것으로 해석된다. 따라서 훈민정음 초기 문헌에 있는 'ㅸ'은 'ㅂ'이 변화를 겪은 것이고 이는 'ㅂ>∅'의 변화에 있어서의 한 단계를 반영하는 것으로 추정된다.

4장은 문헌 자료, '유성 마찰음' 계열, 언어 보편성을 통해 'ㅸ'의 음운 자격에 대해 다시 고찰하였다. 후기 중세 한국어에서 'ㅸ'은 음소의 기능을 수행하지 못한다고 생각한다.

4.1에서는 'ㅸ'과 관련된 음변화, 최소대립쌍, 분포 세 가지의 측면에서 'ㅸ'의 음운론 지위를 살펴보았다. 15세기 고유어에 있는 'ㅸ'은 수의적인 'ㅂ→w' 혹은 'ㅂ→∅'의 한 단계이기 때문에 음소의 기능을 수행하지 못했다. 그리고 'ㅸ'과 다른 분절음의 진정한 최소대립쌍이 확인되기 어렵기 때문에 'ㅸ'은 음소가 아니었을 가능성이 크다. 한편, 'ㅸ'과 'ㅂ'은 포괄적 분포를 이루고 있으므로 역시 'ㅸ'이 음소로 해석되기 어렵다.

4.2에서는 'ㅸ'의 성격과 비슷한 'ㅿ'과 'ㅇ'의 음운론 지위를 살펴

보았다. 고유어에 있는 'ㅿ'과 'ㅇ'은 모두 수의적인 음변화로 인해 생기기 때문에 'ㅿ'과 'ㅇ'이 모두 음소로 해석되기 어렵다. 따라서 이들의 성격과 비슷한 'ㅸ'도 음소가 아니었을 가능성이 크다.

4.3에서는 언어 보편성을 통해 음소 /β/에 대해 살펴보았다. 자연 언어에서는 음소 /β/가 아주 의존적인 성격을 지니고 있기 때문에 후기 중세 한국어에서 'ㅸ'을 음소 /β/로 해석하는 것은 문제가 있다.

5장은 'ㅸ'과 관련된 음변화, '유성 마찰음' 계열, 문헌 기록 등을 살펴보았고 후기 중세 한국어에서 'ㅸ'의 음가를 양순 접근음 [β]로 재구하고자 한다.

5.1에서는 후기 중세 한국어 문헌을 고찰하고 'ㅸ'이 '아'와 '어('어'로 시작하는 중모음 포함)', 'ᄋᆞ('ᄋᆞ'로 시작하는 중모음 포함)'와 '으', '오'와 '우('우'로 시작하는 중모음 포함)'와 결합하면 활음 [w]로 변한 반면에 '이'와 결합하면 탈락한 것을 확인하였다. '이' 모음은 전설모음이고 경구개에서 조음되지만 '이' 모음을 제외한 나머지 모음은 비전설모음으로 연구개에서 조음된다. 'ㅸ'은 양순음으로 후행하는 비전설 모음의 영향을 받고 양순-연구개음이 되어 곧 활음 [w]가 된다. 그러나 전설 모음인 [i]는 강한 경구개음으로 'ㅸ'을 경구개음인 [ㅸʲ]로 변화 시키고 구개음화된 'ㅸ'은 탈락하였다. 이러한 음변화들은 공식 'A→ B/C'를 적용하여 'B(산출 결과)'와 'C(음변화 환경)', 그리고 음변화 유형과 음변화 원인을 모두 파악한 상태에서 'A(ㅸ)'의 음가를 양순 접근음 [β]로 재구하였다.

5.2에서는 'ㅸ'의 성격과 비슷한 'ㅿ', 'ㅇ'의 음가에 대해 살펴보았다. 'ㅿ', 'ㅇ'과 관련된 음변화를 분석함으로써 후기 중세 한국어

에서의 'ㅿ'과 'ㅇ'은 각각 치조 접근음 [ɹ]로, 연구개 접근음 [ɰ]로 재구하였다. 따라서 이들의 성격과 비슷한 'ㅸ'은 양순 접근음 [β]로 해석하는 것이 문제없다.

5.3에서는 『훈민정음』의 기록, 외국어 표기 문헌을 통해 'ㅸ'의 음가를 다시 살펴보았다. 『훈민정음』에서는 'ㅸ'에 대해 "以輕音脣乍合而喉聲多也"로 설명되고 '경음(輕音)', '순사합(脣乍合)', '후성다(喉聲多)'를 차례로 살펴보았다. '중음'과 '경음'은 상대적인 개념이고 '경음'은 '중음'보다 약한 자음으로 해석된다. 그리고 '순사합'은 입술이 잠깐 모여서 닫지 않고 산출하는 소리로 해석되고 'ㅸ'은 [-폐쇄성]을 지닌 분절음으로 재구할 수 있다. 또한 '후성다'는 [+공명성] 자질을 지닌 음으로 해석되기 때문에 'ㅸ'의 가능한 음가는 유음과 접근음이다. 자연언어에는 양순 유음이 많지 않기 때문에 'ㅸ'의 음가는 양순 접근음 [β]로 재구하였다.

6장은 'ㅸ'의 소리 인식, 제자 원인, 그리고 'ㅸ'을 고유어로 표기하는 원인을 논의하고 'ㅸ'의 본질을 논의하였다.

조선초기에는 국가 측면에서 외국어를 중요시하기 때문에 국가 내에 외국어를 공부하는 환경이 상대적으로 양호하다. 그리고 세종과 훈민정음 해례에 참여한 집현전 학자들은 모두 외국어에 능통하고 당시의 중국어 혹은 『고금운회거요』를 비롯한 운서에는 순치 접근음이 존재하였다. SLM 이론에 따르면 세종과 집현전 학자들은 일반인보다 더 많은 음성을 식별할 수 있고 당시 변이음으로 존재한 [β]를 인식할 수 있다.

그리고 'ㅸ'은 음소의 기능이 없고 고유어에는 잉여적인 자모이다.

세종이 이러한 잉여적인 자모를 만든 원인을 밝힐 필요가 있다. 이
책은 훈민정음의 문자 체계, 제작 원리, 창제 목적과 관련지어 논의
하였다. 'ㅸ'의 제자 원인을 다시 정리하자면 'ㅸ'은 고유어를 표기
하기 위해 만든 자모가 아니라 훈민정음 문자의 체계성, 그리고 중국
어, 일본어 등 외국어를 표기하기 위해 만든 자모이었다.

6.3에서는 'ㅸ'으로 고유어를 표기하는 원인을 살펴보았는데 두 가
지의 원인을 찾았다. 하나는 세종이 소리보다 형태를 더 중요시하는
표기 의식과 관련이 있다. 이러한 세종의 표기 의식은 바로 'ㅸ'이 쓰
이는 원인이 된다. 다른 하나는 집현전 학자들의 정밀적 표기 의식이
다. 이것은 'ㅸ'으로 고유어를 표기하는 또 다른 원인이다.

참고문헌

1. 자료

高麗大學校出版部編, 『洪武正韻譯訓』, 高麗大學校 出版部, 1974.

곽충구, 『두만강 유역의 조선어 방언 사전』1-2, 태학사, 2019.

김문웅, 『역주 육조법보단경언해·上中下』, 세종대왕기념사업회, 2006~2007.

김문웅, 『역주 구급간이방 1-7』, 세종대왕기념사업회, 2007~2009.

金信根 編著, 『韓國韓醫學大系』1, 韓國人文科學院, 1999.

김영배, 『平安方言研究(資料篇)』, 太學社, 1997a.

김영태, 『慶尙南道方言研究』, 進明文化社, 1975.

김영황, 『조선어방언학』, 김일성종합대학출판사, 1982.

김이협, 『平北方言辭典』, 한국정신문화연구원, 1981.

김태균, 『咸北方言辭典』, 경기대출판부, 1986.

남광우, 『敎學古語辭典』, 교학사, 1997.

檀國大學校 東洋學研究所 編, 『新增類合』, 檀國大學校 出版部, 1972.

杜甫, 『分類杜工部詩諺解』6-8, 10-11, 14-17, 20-25, 弘文閣, 1985~1988.

디지털 한글 박물관 웹 사이트, http://archives.hangeul.go.kr.

문화재청 국가문화유산포털 사이트, http://www.heritage.go.kr.

서울대학교 규장각 사이트, http://kyudb.snu.ac.kr/.

亞細亞文化社 編, 『老乞大·朴通事諺解』, 亞細亞文化社, 1973.

유창돈, 『李朝語辭典』, 延世大學校 出版部, 1964a.

이기갑 외, 『전남방언사전』, 전라남도, 1997.

이상규, 『경북 방언사전』, 태학사, 2000.

정용호, 『함경남도 방언연구』, 교육도서출판사, 1988.

정호완, 『역주 번역소학』, 세종대왕기념사업회, 2011.

한국 고전번역원 사이트, http://www.itkc.or.kr/.

한국사 데이터베스 사이트, http://db.history.go.kr/

한국정신문화연구원 편, 『한국방언 자료집·충북편』, 韓國精神文化硏究院, 1987a.

한국정신문화연구원 편, 『한국방언 자료집·전북편』, 韓國精神文化硏究院, 1987b.

한국정신문화연구원 편, 『한국방언 자료집·경북편』, 韓國精神文化硏究院, 1989.

한국정신문화연구원 편, 『한국방언 자료집·강원도편』, 韓國精神文化硏究院, 1990a.

한국정신문화연구원 편, 『한국방언 자료집·충남편』, 韓國精神文化硏究院, 1990b.

한국정신문화연구원 편, 『한국방언 자료집·전남편』, 韓國精神文化硏究院, 1991.

한국정신문화연구원 편, 『한국방언 자료집·경남편』, 韓國精神文化硏究院, 1993.

한국정신문화연구원 편, 『한국방언 자료집·경기도편』, 韓國精神文化硏究院, 1995a.

한국정신문화연구원 편, 『한국방언 자료집·제주편』, 韓國精神文化硏究院, 1995b.

한국정신문화연구원 편, 『口訣資料集一-高麗時代 楞嚴經-』, 韓國精神文化硏究院, 1995c.

한국정신문화연구원 편, 『口訣資料集二-朝鮮初期 楞嚴經-』, 韓國精神文化硏究院, 1996.

韓國學硏究院 編, 『法華經諺解(全)』, 大提閣, 1977.

韓國學硏究院 編, 『原本 訓民正音·龍飛御天歌·訓蒙字會』, 大提閣, 1985a.

韓國學硏究院 編, 『原本 釋譜詳節』, 大提閣, 1985b.

韓國學硏究院 編, 『原本 月印千江之曲·月印釋譜』, 大提閣, 1985c.

韓國學硏究院 編, 『原本 楞嚴經諺解』, 大提閣, 1985d.

韓國學硏究院 編, 『原本 圓覺經諺解』, 大提閣, 1985e.

韓國學硏究院 編, 『原本 訓民正音圖說·訓民正音韻解·諺文志·雞林類事·朝鮮館譯語·蒙山法語·小樂府』, 大提閣, 1985f.

韓國學硏究院 編, 『原本 老乞大·朴通事·小學諺解·四聲通解』, 大提閣, 1985g.

韓國學硏究院 編, 『原本 杜詩諺解』, 大提閣, 1985h.

韓國學硏究院 編, 『原本 女範·戒女書·內訓·女四書』, 大提閣, 1985i.

韓國學硏究院 編, 『原本 胎産集要諺解·救急方諺解·臘藥症治方諺解·痘瘡經驗方諺解』, 大提閣, 1985j.

韓國學硏究院 編, 『原本 飜譯老乞大(下)·蒙語老乞大(全)』, 大提閣, 1986.

韓國學硏究院 編, 『原本 三國史記·三國遺事』, 大提閣, 1987.

한글학회, 『우리말큰사전』, 어문각, 1992.

한글학회, 『金剛經三家解』, 한글학회, 1994.

한영목, 『충남 방언의 연구와 자료』, 이회문화사, 1999.

한영순, 『조선어방언학』, 김일성종합대학출판사, 1974.

황대화, 『동해안방언연구-함북, 함남, 강원도의 일부 방언을 중심으로』, 김일성종합대학출판사, 1986.

현평효 외, 『제주어사전』, 제주도, 1995.

2. 논저

강길운, 『國語史精說』, 한국문화사, 1993.

강신항, 『鷄林類事高麗方言硏究』, 成均館大學校出版部, 1980.

강신항, 『朝鮮館譯語硏究』, 成均館大學校出版部, 1995.

강신항, 「申叔舟의 音韻學」, 『語文硏究』제30권4호, 한국어문교육연구회, 2003a, 349~376면.

강신항, 『수정증보 훈민정음연구』, 成均館大學校出版部, 2003b.

강옥미, 『한국어 음운론(개정판)』, 태학사, 2011.

고동호, 「국어 양순 마찰음의 재구와 그 변화」, 『언어연구』9, 서울대학교 언어연구회, 1994, 65~93면.

고영근, 『제3판 표준 중세국어문법론』, 집문당, 2010.

권인한, 『朝鮮館譯語의 音韻論的 硏究』, 太學社, 1998.

권재선, 『훈민정음의 표기법과 음운 -중세음운론-』, 우골탑, 1992.

김경아, 「β>w에 대하여」, 『한국문화』17, 서울대학교 한국문화연구소, 1996, 17~42면.

김동소, 『중세 한국어 개설』, 대구가톨릭대학교 출판부, 2002.

김두영, 「中世國語摩擦音攷」, 석사학위논문, 明知大學校 大學院, 1984.

김무림, 『洪武正韻譯訓 硏究』, 월인, 1999.

김무림, 『국어의 역사』, 한국문화사, 2004.

김석득, 「중세 순경음 ㅸ 음소고」, 『인문과학』 12, 연세대학교 인문과학연구소, 1964, 1~19면.

김완진, 「다시 β>w를 찾아서」, 『語學硏究』8, 서울대학교 언어교육원, 1972, 51~62면.

김완진, 「國語 語彙 磨滅의 硏究」, 『震檀學報』35, 震檀學會, 1973, 34~59면.

김완진, 「음운변화와 음소의 분포」, 『震檀學報』38, 震檀學會, 1974, 105~120면.

김완진, 『鄕歌解讀法硏究』, 서울대학교출판부, 1980,

김윤경, 『한결國語學論集』, 甲辰文化社, 1964.

김종훈, 『韓國語의 歷史』, 대한교과서, 1998.

김주필, 「ㅸ의 [순음성] 관련 현상과 ɦ로의 약화」, 『국어학』 38, 국어학회, 2001, 27~54면.

김지오, 「『법화경』 권3 음독구결 연구」, 석사학위논문, 동국대학교 대학원, 2006.

김한별, 「순경음 'ㅸ'에 대한 통시적 연구-'ㅂ'약화 규칙의 어휘 확산 중심으로-」, 석사학위 논문, 서강대학교 대학원, 2012.

김 현, 「모음간 w탈락과 w삽입의 역사적 고찰」, 『애산학보』 23, 애산학회, 1999, 195~254면.

김형규, 『國語史』, 白映社, 1955.

남경란, 「『능엄경』의 음독 입겿 연구」, 박사학위논문, 대구가톨릭대학교 대학원, 2001.

남광우, 『國語學論文集』, 一字社, 1962.

남풍현, 『吏讀研究』, 태학사, 2000.

도수희, 「所夫里考」, 『語文研究』제3집3호, 한국어문교육연구회, 1975, 382~405면.

렴종률, 『조선말력사문법』, 김일성종합대학출판사, 1992.

류 렬, 『조선말 력사2』, 사회과학출판사, 1992.

류 렬, 『향가연구』, 박이정, 2003.

류재영, 「地名表記의 한 考察-龍飛御天歌 註解를 中心으로-」, 『논문집』8, 원광대학교, 1974, 185~206면.

박동규, 「봉과 非母字-音譯上의 한 原理」, 『국어국문학』93, 1985, 185~206면.

박병채, 「韓國文字發達史」, 『韓國文化史大系Ⅴ 言語文學史(上)』, 고려대학교 민족문화연구소, 1967, 415~485면.

박병채, 『古代國語의 研究-音韻篇』, 고려대학교 민족문화연구소, 1971.

박선우, 「확률적 모델 기반 중세국어 유성 마찰음 /ㅿ/의 음운론적 대립에 대한 연구」, 『음성음운형태론 연구』, 한국음운론학회, 2017, 27~54면.

박종철, 「봉音考」, 『語文研究』제4집2호, 한국어문교육연구회, 1976, 221~234면.

박종희, 「中世國語 音韻單位에 關한 研究-脣輕音 봉을 中心으로-」, 『논문집』16, 원광대학교, 1982, 91~112면.

박진호, 「규장각 소장 구결자료『능엄경』2종에 대하여」, 『구결연구』1, 구결학회, 1996, 73~93면.

박창원, 『중세국어 자음 연구』, 한국문화사, 1996.

배영환, 「현존 最古의 한글편지 '신창맹씨묘출토언간'에 대한 국어학적인 연구」, 『국어사연구』15, 국어사연구, 2012, 211~239면.

백두현, 『嶺南 文獻語의 音韻史 研究』, 太學社, 1992.

배윤덕, 「순경음 [봉]에 대하여 - 알타이 제어의 중간 자음 b와 관련하여-」, 『인문과학연구』8, 성신여자대학교, 1989, 1~32면.

서영석, 「중세국어의 순음연구」, 『동국어문논집』3, 동국대학교, 1989, 85~125면.

소신애, 「국어의 ㅿ>ㅈ 변화에 대하여」, 『震檀學報』114, 震檀學會, 2012, 51~84면.

소신애, 「모음간 ㄱ약화탈락에 대하여 - 방언 구술 발화 자료를 중심으로-」, 『방언학』17, 한국방언학회, 2013, 107~146면.

소신애, 「ㅎ의 音價 變化 및 관련 음운 현상의 共時的 기술 - ㅎ의 有氣性을 중심으로-」, 『語文研究』제45집2호, 한국어문교육연구회, 2017, 7~34면.

신승용, 『음운 변화의 원인과 과정』, 太學社, 2003.

서정범, 『국어의 음운사 연구』, 집문당, 1990.

신지영, 『한국어의 말소리』, 지식과교양, 2011.

안주호, 「상원사본 <오대진언>의 표기법 연구」, 『언어학』 11-1, 대한언어학회, 2003, 69~87면.

양주동, 『증보 고가연구』, 일조각, 1965.

여은지, 「ㅸ>w 변화와 w의 음운론적 성격」, 『한국언어문학』 71, 한국언어문학회, 2009, 87~112면.

오종갑, 「國語 有聲沮害音의 變遷에 關한 研究-/b, d, z, g/를 中心으로-」, 박사학위논문, 영남대학교 대학원, 1981.

우민섭, 「범어 음역을 통해서 본 중세국어 음운」, 『한국언어문학』 39, 한국언어문학회, 1997, 87~109면.

위 진, 「ㅅ(>△)의 유지와 탈락」, 『한국언어문학』 69, 한국언어문학회, 2009, 29~51면.

유창돈, 『李朝國語史研究』, 宣明文化社, 1964b.

윤황애, 「이조초기 문헌에 나타난 ㅸ의 자음체계상의 위치」, 『한국어문학연구』 4, 이화여자대학교, 1962, 189~200면.

이기문, 「成宗板 伊路波에 대하여」, 『圖書』 8, 乙酉文化社, 1965, 3~36면.

이기문, 「鷄林類事의 再檢討」, 『東亞文化』 2, 서울대학교 동아문화연구소, 1968, 205~248면.

이기문, 『國語音韻史研究』, 塔出版社, 1972.

이기문, 『新訂版 國語史概說』, 태학사, 1998.

이동석, 「계림유사를 통해 본 ㅂ계 합용병서와 ㅸ」, 『국어사연구』 4, 국어사학회, 2004, 235~253면.

이동석, 「음운사와 어원」, 『한국어학』 39, 한국어학회, 2008, 79~111면.

이동석, 「'ㅸ' 포함 어휘의 형태론적 분석」, 『국어사 연구』 11, 국어사학회, 2010, 221~249면.

이동석, 「'ㅸ'의 음가론」, 『국어사 연구』 17, 국어사학회, 2013, 71~118면.

이숭녕, 「脣音攷-特히 脣輕音 'ㅸ'를 中心으로 하여-」, 『서울大學校論文集 人文·社會科學篇』 1, 서울대학교, 1954, 40~76면(李崇寧1988: 11-64 再收錄.).

이숭녕, 「세종의 언어정책에 관한 연구 - 특히 운서편찬과 훈민정음 제정과의 관계을 중심으로 하여-」, 『아세아연구』 제1집2호, 고려대학교 아세아문제연구소, 1958, 29~83면.

이숭녕, 『李崇寧國語學選集·音韻篇 Ⅱ』, 民音社, 1988.

이승재, 「異體字로 본 高麗本 楞嚴經의 系統」, 『국결연구』 11, 국결학회, 2003, 3~46면.

이익섭, 『國語表記法研究』, 서울대학교출판부, 1992.

이전경, 「15세기 불경의 구결 표기법 연구」, 박사학위논문, 연세대학교 대학원, 2002.

이진호, 「국어의 최소대립쌍의 설정에 대하여」, 『語文學』 107, 韓國語文學會, 2010, 119~137면.

이호영, 『국어음성학』, 태학사, 1996.

임동석, 「朝鮮時代 外國語 教育에 對한 一考」, 『學術誌』 33, 건국대학교 학술연구원, 1989, 147~180면.

임만영, 「ㅸ에 대한 고찰」, 『논문집』 2, 한국교통대학교, 1968, 91~107면.

장가문, 「중국어 성조를 활용한 한국어 발음 교육 방안 연구」, 『한남어문학』 37, 한남대학교 한남어문학회, 2013, 179~200면.

장 석, 「文獻으로 본 日母 漢字音의 變化」, 『한중인문학연구』 45, 한중인문학회, 2014, 343~366면.

장 석, 「△-ㅸ의 연쇄로 본 △의 음가」, 『口訣研究』 36, 口訣學會, 2016a, 213~230면.

장 석, 「후기 중세 한국어에서 △의 음운 자격」, 『민족문화연구』 72, 고려대학교 민족문화 연구원, 2016b, 403~430면.

장 석, 『△반치음 연구』, 역락, 2018.

장 석, 「ㅸ의 음가에 대하여」, 『한중인문학연구』 66, 한중인문학회, 2020a, 215~239면.

장 석, 「후기 중세 한국어에서의 ㅸ의 음운론적 지위와 본질」, 『민족문화연구』 88, 고려대 학교 민족문화연구소, 2020b, 119~146면.

장 쉬, 「兒의 한국 한자음에 대한 고찰」, 『아시아문화연구』 38, 가천대학교 아시아문화연구 소, 2015, 215~239면.

장영길, 「15세기 국어의 자음체계 연구-그 음소설정 문제를 중심으로-」, 석사학위논문, 동 국대학교 대학원, 1985.

장운혜, 「중세국어 유성마찰음의 변천과 방언 분화 -/ㅸ/와 /△/를 중심으로-」, 석사학위논 문, 조선대학교 대학원, 2008.

장향실, 「중세국어시기 고유어 표기에 쓰인 ㅸ의 음가에 대하여」, 『어문논집』 48, 민족언문 학회, 2003, 65~91면.

정연찬, 「欲字初發聲을 다시 생각해 본다」, 『국어학』 16, 국어학회, 1987, 5~10면.

정연찬, 『개정 한국어 음운론』, 한국문화사, 1997.

정우영, 「15세기 국어 표기법의 성립과 개정에 관하여」, 『동국어문론집』 8, 동국대학교, 1999, 65~83면.

정우영, 「국어 표기법의 변화와 그 해석-15세기 관판 한글문헌을 중심으로-」, 『한국어학』 26, 한국어학회, 2005, 293~326면.

정우영, 「순경음 비읍(ㅸ)의 연구사적 검토」, 『국어사연구』 7, 국어사학회, 2007a, 133~163면.

정우영, 「景幾體歌 關東別曲의 國語史的 檢討」, 『구결연구』 18, 구결학회, 2007b, 251~288면.

정우영, 「『월인천강지곡』의 국어학사적 연구자료로서의 위상」, 『한국어학』 81, 한국어학회, 2018, 299~324면.

정윤자, 「近代國語의 活用語幹에 대한 形態音素論的 研究」, 석사학위논문, 단국대학교 대학원, 1990.

조규태, 「여린 비읍(ㅸ)에 대하여」, 『한글』 240-241, 한글학회, 1998, 89~124면.

조세용, 「15세기 중기국어의 자음체계에 관한 연구」, 『동화와 번역』 9, 건국대학교 동화와번역연구소, 1990, 7~25면.

지헌영, 『향가여요신석』, 정음사, 1947.

차재은・정명숙・신지영, 「공명음 사이의 /ㅎ/의 실현에 대한 음성, 음운론적 고찰」, 『언어』 28-4, 한국언어학회, 2003, 765~783면.

최남희, 『고대국어 표기 한자음 연구』, 박이정, 1999.

최남희, 『고구려어 연구』, 박이정, 2005.

최명옥, 「ㅸ, △와 東南方言」, 『語學研究』 14-2, 1978, 185~194면.

최영선, 「계림유사의 음운론적 연구」, 박사학위논문, 전남대학교 대학원, 2015.

최호섭, 「중세국어 ㅸ에 대한 연구 -ㅸ의 음성적 실재와 음변화를 중심으로-」, 석사학위논문, 경남대학교 대학원, 2000.

한상인, 「ㅸ의 변화 고찰」, 『한어문교육』 9, 한국언어문학교육학회, 2001, 151~167면.

홍기문, 『향사해석』, 과학원, 1956(1990 여강출판사 재출간).

황희영, 『한국어 음운론』, 二友出版社, 1979.

허 웅, 『국어 음운학-우리말 소리의 오늘・어제-』, 정음사, 1985.

北京大學中國語言文學系語言學教研室 編, 王福堂 修訂, 『漢語方音字匯・第二版重排本』, 語文出版社, 2003.

R.L.Trask, 編譯組 譯, 『語音學和音系學詞典』, 語文出版社, 2000.

朱曉農, 「從群母論濁聲和摩擦」, 『言語研究』 23-2, 華中科技大學中國語言文字研究所, 中國社會科學院語言研究所, 2003, 5~18면.

朱曉農, 『語音學』, 商務印書館, 2010.

小倉進平, 『國語及朝鮮語 發音槪說』, 近澤印刷所出版部, 1923.

小倉進平, 「朝鮮語の語の中間に現はれる[b]」, 『靑丘學叢』 30, 1939(小倉進平 1944에 재수록).

小倉進平, 『朝鮮語方言の研究(下)』, 岩波書店, 1944.

河野六郎, 『朝鮮方言學試攷-「鋏」語考』, 京都書籍, 1945.

Flege, J. E., "Second language speech learning theory, findings, and problems", *Speech perception and linguistic experience: Issues in cross-language research*, Timonium MD: York Press, 1995, pp.233~277.

I.Maddieson, *Patterns of Sounds*, Cambridge University Press, 1984.

J.J.Ohala, "the Phonetic of Sound Change", *Historical linguistics: Problems and perspectives*,
      Longman, 1993, pp.237~278.

P.Ladefoged and I.Maddieson, *The Sounds of the World's Languages*, Blackwell, 1996.

R.L.Trask, *Historical Linguistics*, 外語教學与研究出版社, 2000.

장 석(張 碩)

1988년 중국 산동성(山東省) 빈주시(濱州市)에서 태어났다. 한국어사를 전공하며 서울시립대학교 국어
국문학과에서 문학박사 학위를 받았다. 현재 중국 보계문리대학교(寶鷄文理學院) 조교수로 재직 중이다.
과제 책임자로 중국 교육부 연구 과제 1건, 한국학중앙연구원 해외 한국학 연구 과제 2건을 수행하였다.
연구논문은 「文獻으로 본 日母 漢字音의 變化」, 「△—ㅸ의 연쇄로 본 △의 음가」, 「후기 중세한국어에
서 ㅸ의 음운론 지위와 본질」 등이 있고 저서는 『△반치음 연구』가 있다.

곽 령(郭 玲)

1989년 중국 산동성(山東省) 청주시(青州市)에서 태어났다. 한국어 음운론을 전공하며 아주대학교 국어
국문학과에서 문학박사 학위를 받았다. 현재 중국 보계문리대학교(寶鷄文理學院) 조교수로 재직 중이다.
연구논문은 「<오백년기담>을 통해 본 20세기 초 경북방언의 불규칙 용언」, 「중국 4년제 대학의 한국어
교육 문제점과 새로운 교육 모델의 모색」 등이 있다.

ㅸ 순경음 비읍 연구

초판 1쇄 인쇄 2021년 7월 28일
초판 1쇄 발행 2021년 8월 13일

지은이 장 석(張 碩) 곽 령(郭 玲)
펴낸이 이대현

책임편집 임애정 | 편집 이태곤 권분옥 문선희 강윤경
디자인 안혜진 최선주 이경진 | 마케팅 박태훈 안현진
펴낸곳 도서출판 역락 | 등록 1999년 4월 19일 제303-2002-000014호
주소 서울시 서초구 동광로46길 6-6 문창빌딩 2층(우06589)
전화 02-3409-2060(편집부), 2058(영업부) | 팩시밀리 02-3409-2059
전자우편 youkrack@hanmail.net
홈페이지 www.youkrackbooks.com

ISBN 979-11-6742-040-4 93710

정가는 뒤표지에 있습니다.